Principes de bonne pratique de l'OCDE en matière de politique réglementaire

Examiner la réglementation existante

O))OCDE

DES POLITIQUES MEILLEURES
POUR UNE VIE MEILLEURE

Ce document, ainsi que les données et cartes qu'il peut comprendre, sont sans préjudice du statut de tout territoire, de la souveraineté s'exerçant sur ce dernier, du tracé des frontières et limites internationales, et du nom de tout territoire, ville ou région.

Les données statistiques concernant Israël sont fournies par et sous la responsabilité des autorités israéliennes compétentes. L'utilisation de ces données par l'OCDE est sans préjudice du statut des hauteurs du Golan, de Jérusalem-Est et des colonies de peuplement israéliennes en Cisjordanie aux termes du droit international.

Merci de citer cet ouvrage comme suit :
OCDE (2021), *Examiner la réglementation existante*, Principes de bonne pratique de l'OCDE en matière de politique réglementaire, Éditions OCDE, Paris, *https://doi.org/10.1787/eb656b8d-fr*.

ISBN 978-92-64-98631-2 (imprimé)
ISBN 978-92-64-47728-5 (pdf)

Principes de bonne pratique de l'OCDE en matière de politique réglementaire
ISSN 2708-0854 (imprimé)
ISSN 2708-0862 (en ligne)

Avant-propos

Le présent rapport s'inscrit dans une série de « principes de bonne pratique » élaborés sous la direction du Comité de la politique de la réglementation de l'OCDE.

Le Comité de la politique de la réglementation de l'OCDE est à l'avant-garde des efforts pour construire un consensus international sur les questions de politique de la réglementation. Depuis près d'une décennie, le Comité reconnaît l'importance de veiller au maintien de la pertinence de la réglementation au fil du temps, le meilleur moyen de s'en assurer étant de procéder à des examens *ex post*. Cela dit, la *Recommandation de 2012 concernant la politique et la gouvernance réglementaires* n'éclaire pas beaucoup les gouvernements sur les dispositifs institutionnels, analytiques et politiques nécessaires. Les présents principes visent à combler cette lacune, et à aider les pays membres à renforcer les dispositifs existants. Leur objectif est également de venir en aide à ceux qui n'ont pas encore mis en place de système d'examen de la réglementation.

Ce document a été approuvé par le Comité de la politique de la réglementation lors de sa 21ᵉ session, le 6 novembre 2019, et il a été préparé pour publication par le Secrétariat de l'OCDE.

Remerciements

Ces principes ont été préparés par la Direction de la gouvernance publique de l'OCDE (GOV), sous la direction de Janos Bertok, Directeur par intérim. Ils ont été rédigés par Gary Banks, qui occupait par ailleurs la fonction de président du Comité de la politique de la réglementation de l'OCDE et de consultant, en collaboration avec Nick Malyshev, chef de la Division de la politique de la réglementation, et Paul Davidson, analyste des politiques à la Division de la politique de la réglementation. Jennifer Stein a coordonné le processus éditorial.

Les auteurs adressent leurs remerciements à l'ensemble des membres du Comité de la politique de la réglementation, qui ont formulé de nombreux commentaires et contribué aux versions successives des principes. Des commentaires détaillés et utiles ont également été recueillis dans le cadre de la consultation publique par Steve Glangé, ministère de la Digitalisation, Luxembourg, et Nick Morgan, *Better Regulation Executive*, ministère des Entreprises, de l'Énergie et de la Stratégie industrielle (BEIS), Royaume-Uni.

Table des matières

Tableaux

Graphiques

Encadrés

Abréviations et acronymes

ACA   Analyse coûts-avantages

AIR   Analyse d'impact de la réglementation

PC   Commission australienne de la productivité

Résumé

À l'instar des projets de réglementation, qui doivent faire l'objet d'une évaluation pour vérifier qu'ils répondent à leur objectif et procureront des avantages nets à la société, les réglementations existantes, bien plus nombreuses que les projets et souvent mises en œuvre dans des circonstances différentes, doivent également être évaluées. Selon la *Recommandation de 2012 concernant la politique et la gouvernance réglementaires,* les pays membres doivent « procéder à l'examen systématique [de la réglementation en vigueur], afin de s'assurer qu'[elle] reste [...] cohérente et efficace par rapport à son coût, et qu'elle répond aux objectifs de politique recherchés. »

Toutefois, la politique de la réglementation néglige généralement de conclure le cycle de vie réglementaire par des examens *ex post*, les gouvernements adoptant souvent une approche « sitôt adopté, sitôt oublié ». On comprend facilement pourquoi. Les projets de réglementation ont souvent des effets incertains, attirent l'attention des médias et nécessitent un compromis politique pour pouvoir être adoptés. À l'inverse, les lois existantes ne suscitent pas le même intérêt ni le même sentiment d'urgence que les nouvelles lois. Plus important encore, les gouvernements peuvent craindre qu'un examen ne mette en évidence qu'une réglementation n'a pas permis de résoudre le problème qu'elle était censé régler. On peut espérer que ces principes rappelleront aux dirigeants politiques et décideurs que toutes les réglementations sont des expériences, que certaines expériences échouent, et que d'autres doivent subir des modifications avant de pouvoir porter leurs fruits.

Il convient d'appliquer trois principes généraux aux systèmes en vue de l'examen *ex post* de la réglementation :

- les examens *ex post* doivent faire partie intégrante et permanente du cycle réglementaire
- les processus d'examen doivent être exhaustifs, et
- ils doivent inclure une évaluation factuelle des résultats réels de l'action réglementaire, et des recommandations pour remédier à d'éventuelles insuffisances.

Les Principes de bonne pratique pour l'examen de la réglementation existante formulent des conseils relatifs aux huit domaines suivants des systèmes réglementaires, en vue de l'examen *ex post* de la réglementation.

La **gouvernance** des examens *ex post* est essentielle à leur efficacité. Parmi les éléments de bonne gouvernance, on peut citer des mécanismes efficaces de contrôle et de responsabilité ; des dispositifs institutionnels qui englobent les processus d'examen *ex ante* et *ex post* ; et l'information préalable des parties prenantes quant aux examens à venir.

En ce qui concerne la gouvernance des examens individuels, il convient d'appliquer le principe de proportionnalité afin de garantir leur rapport coût-efficacité. En outre, si de nombreux examens seront (à juste titre) effectués au sein des ministères responsables, cela ne devrait pas être le cas dans les organismes chargés de faire appliquer la réglementation. Plus un domaine de réglementation est « sensible », plus ses impacts sont importants, plus il est pertinent de mettre en place un processus d'examen indépendant. En outre, il est primordial que ces examens soient transparents.

Un **éventail d'approches** sera généralement nécessaire pour garantir que le type d'examen entrepris est le plus approprié et le plus rentable. On distingue trois grands types d'examens :

- Les *examens programmés* peuvent inclure a) les examens imposés par la législation elle-même, notamment les lois plus importantes et innovantes ; b) les exigences de caducité pour les nombreux règlements subordonnés ; et c) les examens de suivi menés à plus court terme, offrant ainsi un mécanisme de sécurité pour les cas où les processus d'élaboration de la réglementation seraient déficients.

- Les *examens ad hoc* englobent les « bilans » des réglementations dans un secteur ou une économie, notamment ceux assujettis à des critères comme les effets anticoncurrentiels, les examens publics approfondis des grands régimes réglementaires, et l'analyse comparative de certaines réglementations lorsque des comparaisons portant sur des éléments similaires sont possibles.

- La *gestion continue de la réglementation existante* comprend des processus administratifs permettant un apprentissage par la pratique au fur et à mesure de la mise en œuvre de la réglementation ; ainsi que des règles de compensation pour les nouveaux règlements, et des objectifs de réduction de la charge (comme diverses initiatives visant à alléger les « charges administratives ») afin de réduire le nombre et le coût des réglementations existantes.

Les **questions essentielles auxquelles il convient de répondre** lors des examens *ex post* sont les suivantes : y a -t-il toujours une raison valable derrière une réglementation (pertinence) ? La réglementation a-t-elle réellement atteint ses objectifs ? La réglementation a-t-elle donné lieu à des coûts inutiles ou à d'autres effets indésirables (efficience), et est-il nécessaire de la modifier ou de la remplacer, voire de la supprimer ?

La **méthodologie** générale de conduite des évaluations doit suivre une approche « coûts-avantages » permettant de recenser et de documenter les différents impacts d'un règlement, puis d'évaluer leur ampleur relative. Il convient d'encourager la quantification lorsque c'est possible, car elle permet des évaluations plus rigoureuses. En outre, dans l'idéal, il convient de comparer les résultats observés des mesures réglementaires à ce qui aurait pu se produire en l'absence de réglementation.

Il convient de mener des **consultations** avec les parties concernées, en utilisant des processus aussi accessibles que possible. La nature et l'ampleur des consultations doivent être proportionnelles à l'importance des règlements et de leurs effets, et au degré d'intérêt ou de sensibilité du public concerné.

L'établissement des priorités et l'ordonnancement sont importants pour tirer le meilleur parti des réformes. En matière d'examen, il convient d'accorder la priorité aux règlements qui ont a) un champ d'application étendu dans l'économie ou la communauté et b) des impacts pouvant être importants sur les citoyens, et pour lesquels on peut c) constater à première vue l'existence d'un « problème ». Il est également avantageux d'examiner les règlements de façon groupée lorsqu'ils présentent des interactions, ou que leur action conjuguée permet d'atteindre un objectif.

Il est essentiel d'**acquérir des capacités méthodologiques internes** en matière d'évaluation, tant pour effectuer des examens en interne que pour superviser ceux qui sont confiés à des organismes externes. Cela inclut le recours à des consultants. Le renforcement des capacités au sein d'un organisme nécessite de former le personnel existant et de recruter des spécialistes.

Des **dirigeants engagés** sont indispensables à des systèmes d'examen *ex post* efficaces, tant au niveau politique, pour garantir un soutien continu adéquat en matière d'évaluation, qu'aux niveaux supérieurs de l'administration, pour veiller à la mise en pratique des principes.

Principes de bonnes pratiques

Les principes de bonne pratique relatifs à l'évaluation *ex post* présentés ci-après ont été élaborés sur la base de la *Recommandation de 2012 de l'OCDE concernant la politique et la gouvernance réglementaires* (OCDE, 2012[1]).

Principes généraux

- Les cadres d'action réglementaire doivent intégrer explicitement des examens *ex post* en tant que partie intégrante et permanente du cycle réglementaire.
- Un système solide d'examen *ex post* de la réglementation garantirait une couverture complète de la réglementation existante au fil du temps, tout en assurant un « contrôle qualité » des principaux examens et en surveillant le fonctionnement du système dans sa globalité.
- Les examens doivent comprendre une évaluation factuelle des résultats réels des règlements par rapport à leurs fondements et leurs objectifs, tenir compte des éventuels enseignements, et formuler des recommandations pour remédier aux éventuelles insuffisances.

Gouvernance des systèmes

- Des systèmes de contrôle et de responsabilité doivent être mis en place au sein des administrations publiques pour éviter l'omission de domaines clés de la réglementation, et s'assurer que les examens sont conduits de manière appropriée.
- Les dispositifs institutionnels conjuguant contrôle des processus d'évaluation *ex ante* mais aussi *ex post* dans l'ensemble de l'administration présentent des avantages.
- Il est préférable de déterminer le type d'examen *ex post*, ainsi que son calendrier ou son « déclencheur », au moment de la conception des règlements.
- Les ministères et les organismes doivent annoncer à l'avance les examens réglementaires à venir (idéalement sous la forme d'un plan prospectif annuel d'examen de la réglementation).
- Les budgets des organismes doivent prévoir explicitement la prise en charge des coûts d'examen des règlements dont ils sont responsables.

Principales approches en matière d'examen

- Il est généralement nécessaire de recourir à différentes approches pour effectuer un examen *ex post* de la réglementation. Globalement, ces approches vont des examens programmés aux examens initiés ponctuellement (*ad hoc*) ou dans le cadre de processus de « gestion » continue.

Examens « programmés »

- Si un règlement ou une loi est susceptible d'avoir des retombées importantes sur le plan social ou économique, notamment parce qu'on y trouve des éléments innovants ou parce que son efficacité est incertaine, il est souhaitable d'*insérer* dans la réglementation ou la législation elle-même des *exigences en matière d'examen.*
- Les *exigences de caducité* constituent un mécanisme utile de « sécurité intégrée » garantissant que l'ensemble de la réglementation subordonnée existante continue de servir les objectifs fixés au fil du temps.
- Dans certaines situations, il peut être utile de prévoir des *examens de suivi* dans des délais plus courts (1 à 2 ans), notamment lorsqu'une évaluation réglementaire *ex ante* a été jugée inadéquate (par un organisme de contrôle par exemple) ou lorsqu'une réglementation a été mise en œuvre malgré des lacunes ou des risques de détérioration connus.

Examens ad hoc

- Les « *bilans* » publics de la réglementation sont l'occasion de faire périodiquement le point sur les problèmes constatés dans certains secteurs ou dans l'ensemble de l'économie.
- Il est également possible de restreindre les examens de type bilan à des questions de performance spécifiques ou à certains impacts préoccupants en utilisant un *critère ou un principe de sélection.*
- Les *examens publics « approfondis »* conviennent aux grands régimes réglementaires présentant une grande complexité et de nombreuses interactions et/ou qui sont très litigieux.
- L'« *analyse comparative* » de la réglementation est un mécanisme utile qui utilise les comparaisons entre juridictions ayant des cadres et objectifs politiques similaires pour recenser les améliorations.

Gestion continue de la réglementation existante

- Il convient de mettre en place des mécanismes permettant aux organismes chargés de l'application de la loi de transmettre systématiquement aux secteurs du gouvernement concernés exerçant une responsabilité politique les enseignements tirés « sur le terrain » concernant les performances d'une réglementation.
- Les règles de compensation réglementaire (comme la règle « *one in, one out* », c'est-à-dire « un ajout, un retrait ») et les objectifs ou quotas de réduction de la charge doivent inclure une exigence selon laquelle les règlements dont la suppression est prévue, s'ils sont encore « actifs », doivent d'abord faire l'objet d'une forme d'estimation de la valeur qu'ils représentent.
- Il convient de revoir périodiquement les méthodes d'examen elles-mêmes pour s'assurer qu'elles restent adaptées au regard de leur objectif.

Gouvernance des examens individuels

- La gouvernance des examens, les ressources ainsi que les approches utilisées, doivent être proportionnelles à la nature et à l'importance des règlements concernés. Les dispositions doivent être non seulement rentables, mais aussi de nature à faciliter la formulation de conclusions suffisamment étayées pour être crédibles aux yeux du public.

- Pour de nombreux règlements, les évaluations seront menées au mieux au sein des départements ou des ministères compétents. Les organismes chargés de l'application de la réglementation ne doivent normalement pas procéder eux-mêmes aux examens, mais sont les mieux placés pour offrir des informations et des conseils pertinents, et doivent donc être régulièrement consultés.
- Plus un domaine réglementaire est « sensible » et plus ses impacts économiques ou sociaux sont importants, plus il est nécessaire de mettre en place un processus d'examen indépendant. Cela suppose, au minimum, que les personnes qui dirigent l'examen ne soient pas redevables à l'organisme concerné et ne semblent pas présenter de conflits d'intérêts.
- La transparence est primordiale dans les examens approfondis. Les examens doivent être annoncés publiquement et permettre aux parties prenantes d'y participer (voir *Consultation publique*), et les conclusions et recommandations ainsi que la réponse du gouvernement doivent être rendues publiques.

Questions essentielles auxquelles il convient de répondre lors des examens

- *Pertinence* : les examens doivent commencer par déterminer s'il existe toujours une raison valable justifiant la réglementation.
- *Efficacité* : les examens doivent déterminer si le règlement (ou la série de règlements) atteint réellement les objectifs pour lesquels il a été introduit.
- *Efficience* : les examens doivent déterminer si la réglementation entraîne des coûts inutiles (au-delà de ceux nécessaires pour atteindre l'objectif réglementaire) ou si elle a d'autres effets indésirables.
- *Autres solutions* : les examens doivent déterminer s'il est nécessaire de modifier ou de remplacer la réglementation par d'autres instruments politiques.

Méthodologies

- Les évaluations doivent adopter une approche coûts-avantages consistant d'abord à recenser et documenter les impacts pertinents, puis à évaluer leur ampleur relative.
- Il convient d'encourager une quantification lorsque c'est possible, car cela permet de procéder à une évaluation plus rigoureuse des impacts et des résultats potentiels.
- Il est préférable d'examiner les exigences en matière de données au moment de l'élaboration d'un règlement, dans le cadre d'une réflexion plus large visant à déterminer le type d'examen *ex post* le plus approprié.
- Dans l'idéal, il convient de comparer les impacts observés d'un règlement aux impacts d'un scénario « contrefactuel », qui décrit la façon dont les choses auraient tourné autrement.

Consultation publique

- Tous les examens doivent comporter des consultations avec les parties concernées et, dans la mesure du possible, être accessibles à la société civile.
- La nature et l'ampleur des consultations (étendue, durée) doivent être proportionnelles à l'importance des règlements et au degré d'intérêt ou de sensibilité du public concerné.

Établissement des priorités et ordonnancement

- En matière d'examen, il convient d'accorder la priorité aux règlements qui ont a) un champ d'application étendu dans l'économie ou la communauté et b) des impacts pouvant être importants sur les citoyens ou les organisations (notions de « portée » et de « profondeur »), et pour lesquels on peut c) constater à première vue l'existence d'un « problème ».
- Il peut être important de s'intéresser à l'ordonnancement pour tirer le meilleur parti des réformes.
- Il peut s'avérer plus avantageux d'examiner les règlements de façon groupée plutôt qu'individuellement lorsqu'ils présentent des interactions ou permettent ensemble d'atteindre des objectifs politiques connexes.

Renforcement des capacités

- Il est essentiel de disposer de capacités méthodologiques internes en matière d'évaluation et d'examen, tant pour effectuer des examens en interne que pour superviser ceux qui sont confiés à des organismes externes.
- Le renforcement des capacités doit passer par la formation du personnel existant et par le recrutement, l'apprentissage sur le terrain étant un élément important.
- Les consultants peuvent venir compléter l'expertise disponible au sein du gouvernement, mais il convient d'examiner soigneusement comment optimiser leur contribution dans des cas spécifiques et d'éviter de faire appel à eux de façon excessive au détriment des capacités internes.

Des dirigeants engagés

- Il est essentiel de bénéficier du soutien des dirigeants politiques pour mettre en place des systèmes de révision *ex post* de la réglementation et en assurer l'efficacité continue.
- Les hauts fonctionnaires de l'administration doivent promouvoir une culture de l'évaluation au sein de leurs organisations et veiller à ce que les bonnes pratiques soient effectivement appliquées « sur le terrain ».

Référence

OCDE (2012), *Recommandation du Conseil concernant la politique et la gouvernance réglementaires*, Éditions OCDE, Paris, https://www.oecd.org/fr/gov/politique-reglementaire/Recommendation%20with%20cover%20FR.pdf. [1]

Historique et contexte

Ce document est le dernier d'une série de rapports sur les « principes de bonne pratique » élaborés sous la direction du Comité de la politique de la réglementation de l'OCDE. Comme les autres rapports de la série, il complète et précise les principes formulés dans le cadre de la *Recommandation du Conseil de 2012 concernant la politique et la gouvernance réglementaires* (OCDE, 2012[1]).

Ces principes sont censés être pertinents et utiles pour l'ensemble des gouvernements membres. Ils proposent donc des orientations générales plutôt que des prescriptions détaillées. Néanmoins, en cherchant à se prévaloir des « bonnes pratiques », ils sont délibérément ambitieux. On peut s'attendre à ce qu'un faible nombre de pays, voire aucun, les respectent tous. Mais comme ils sont fondés sur l'expérience réelle de différents pays, ils ne doivent pas être considérés comme irréalisables, ou comme de simples aspirations.

« Évaluation » contre « examen »

Les travaux publiés recensent généralement trois formes d'évaluation *ex post* de la réglementation (ou d'autres programmes d'action) : celles en lien avec l'administration, avec la conformité, et avec les résultats (Coglianese, 2012[2]). Toutefois, le rôle joué par les examens *ex post* dans l'achèvement et le renouvellement du cycle réglementaire, comme nous le verrons plus bas, donne à penser qu'une interprétation plus globale est nécessaire.

Dans la pratique, on relève une certaine symétrie entre les évaluations *ex post* des performances réglementaires et les évaluations *ex ante* : il s'agit de vérifier si les objectifs fixés ont effectivement été atteints, de déterminer s'il y a eu des conséquences imprévues ou indésirables, et d'examiner si d'autres approches auraient pu donner lieu à de meilleurs résultats. Il faut pour cela que les objectifs et/ou les résultats visés soient clairs. Il convient également de définir des exigences en matière de données afin de pouvoir mesurer les résultats ultérieurement.

De ce point de vue, on peut imaginer que les *examens* sont plus approfondis que les *évaluations* d'un point de vue conceptuel, car ils englobent généralement des propositions de réforme, et peuvent nécessiter de revoir l'objectif réglementaire initial et de vérifier s'il est toujours pertinent ou valide. (Par exemple, l'évaluation d'un règlement visant à restreindre la concurrence peut parvenir à la conclusion qu'il a parfaitement atteint cet objectif, mais que l'approche elle-même ne relève plus de l'intérêt public). En d'autres termes, dans la mesure où les examens nécessitent de recourir à des techniques d'évaluation, ils ont un rôle plus important à jouer.

Les approches utilisées pour examiner les règlements, à l'instar des règlements eux-mêmes, doivent être adaptées aux objectifs visés. La satisfaction de cette condition peut être appréciée à deux niveaux : au niveau des approches générales et des mécanismes d'examen en premier lieu, et des outils ou méthodologies utilisés dans le cadre de ceux-ci en second lieu.

Pourquoi examiner la réglementation existante ?

Tous les pays disposent encore d'une vaste réglementation. Les règlements se sont généralement accumulés au fil des ans, et leurs effets sur la collectivité et l'économie peuvent être omniprésents. Si une grande partie des règlements existants apportent des avantages majeurs, leur efficacité varie et les coûts associés peuvent parfois être supérieurs à ce qui est nécessaire pour atteindre un objectif d'action.

Dans la mesure où la réglementation peut avoir des répercussions importantes – négatives ou positives – elle doit être faire l'objet d'une évaluation attentive avant sa mise en œuvre. Bien que cela soit désormais généralement admis, et que les processus d'analyse de l'impact de la réglementation soient de plus en plus courants (OCDE, 2016[3]), les évaluations n'étaient pas forcément toujours adaptées par le passé, quand elles avaient effectivement lieu.

Même lorsque les règlements font l'objet d'une évaluation rigoureuse avant leur mise en œuvre, il n'est pas possible de connaître tous leurs effets avec certitude. L'effort réglementaire est essentiellement de nature expérimentale, et dépend dans une certaine mesure des jugements sur les relations de cause à effet et les réponses à apporter.

Il est important de noter que les règlements qui ont été correctement évalués et conçus, et qui ont donc été initialement jugés conformes à leur objectif, ne le restent pas forcément. Les marchés changent ; les technologies progressent et les préférences, valeurs et comportements évoluent. En outre, l'accumulation même des règlements peut progressivement engendrer des interactions qui exacerbent les coûts, réduisent les avantages ou ont d'autres conséquences indésirables.

Il apparaît également de manière évidente que la réglementation *existante* est en général beaucoup plus étoffée que le *flux* réglementaire, avec à la clé des impacts cumulés proportionnellement plus élevés. Une amélioration même mineure de la qualité de la réglementation existante est donc susceptible de générer de solides avantages pour la société.

Cela est illustré par les exemples documentés d'économies réalisées dans le cadre de programmes de réduction de la charge réglementaire dans plusieurs pays de l'OCDE (OCDE, 2012[4]). Toutefois, la lutte contre les effets d'incitation négatifs sur l'innovation, l'investissement et l'efficience pourrait engendrer d'autres avantages considérables. L'OCDE a analysé les avantages que les pays membres pourraient tirer des réformes de la réglementation des produits et du marché du travail et d'autres réformes structurelles, et est parvenue à la conclusion qu'une convergence vers les bonnes pratiques sur une période de cinq ans générerait des avantages importants pour la majorité d'entre eux (Bouis et Duval, 2011[5]). Pour prendre un exemple précis, on estime que les réformes appliquées en Australie à la réglementation anticoncurrentielle dans le cadre du programme de réformes microéconomiques des années 80 et 90 se sont soldées par des gains avoisinant 5 % du PIB, et par une amélioration sensible de la situation des ménages de toutes les tranches de revenu (Australian Productivity Commission, 2006[6]).

Les évaluations des réglementations existantes peuvent également être porteuses d'enseignements utiles sur la manière d'améliorer la conception et l'administration des *nouveaux* règlements, par exemple pour réduire les coûts de conformité ou changer plus efficacement les comportements. C'est ainsi que les examens *ex post* complètent le « cycle réglementaire », qui commence par l'évaluation *ex ante* des projets et se poursuit par la mise en œuvre et la gestion administrative (OCDE, 2016[3]).

Il est important de noter que le fait de savoir que les nouvelles initiatives réglementaires feront l'objet d'un examen peut renforcer leur soutien par le public (ou affaiblir l'opposition), et la confiance envers le gouvernement lui-même. La confiance pourrait être encore renforcée par des processus d'examen inclusifs prenant appui sur les points de vue et les données des parties prenantes et du public (Lind et Arndt, 2016[7]).

Pourquoi des « *principes* » ?

La *Recommandation de 2012 concernant la politique et la gouvernance réglementaires* reconnaît l'importance de recourir à des examens *ex post* pour évaluer la valeur actuelle des réglementations (OCDE, 2012[1]). Elle dispose que les pays membres doivent :

> procéder à l'examen systématique [de la réglementation en vigueur], afin de s'assurer qu'[elle] reste à jour, [...] cohérente et efficace par rapport à son coût, et qu'elle répond aux objectifs de politique recherchés. »

D'après les indicateurs des enquêtes sur la politique réglementaire et la gouvernance, les systèmes d'examen *ex post* de la réglementation restent moins développés que pour les autres composantes du cycle réglementaire, en particulier les évaluations *ex ante*, les pays étant moins nombreux à être dotés de dispositifs formalisés. Par exemple, seulement 60 % des pays membres ont déclaré qu'une certaine forme d'évaluation *ex post* est obligatoire, contre environ 90 % pour l'évaluation *ex ante* (OCDE, 2016[3]), (OCDE, 2018[8]). Il y a eu peu d'amélioration entre les deux enquêtes, si ce n'est une augmentation de l'utilisation des règles d'articulation stock-flux (Graphique 1).

Graphique 1. Exigences en matière de conduite de l'AIR et de l'évaluation *ex post*

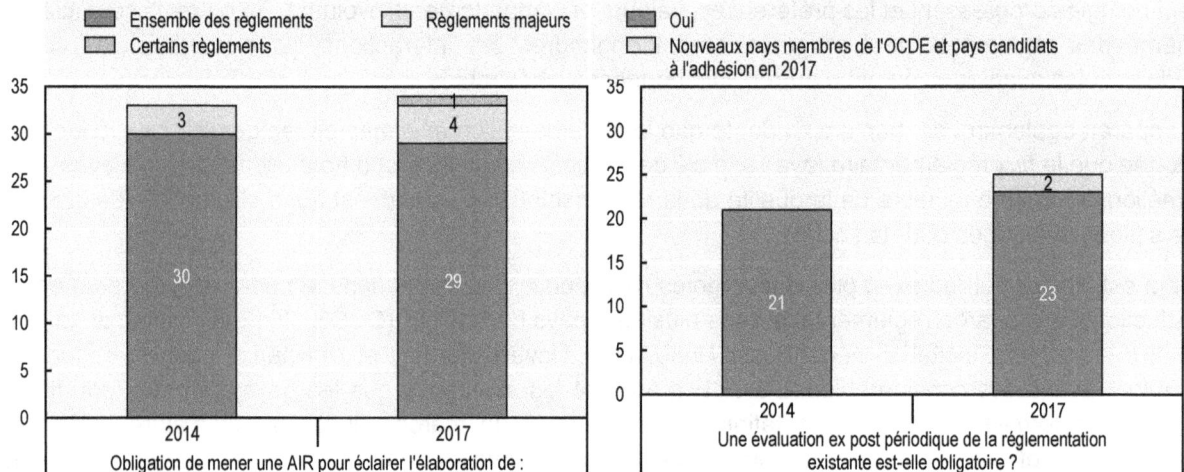

Note : données de l'OCDE relatives à 34 pays membres de l'OCDE en 2014 et à l'Union européenne. Les données relatives aux pays nouvellement membres de l'OCDE et aux pays candidats à l'adhésion en 2017 concernent la Colombie, le Costa Rica, la Lettonie et la Lituanie.
Source : Indicateurs des enquêtes 2014 et 2017 sur la politique et la gouvernance réglementaires, http://oe.cd/ireg.

En réalité, les évaluations *ex post* des règlements sont, à certains égards, plus exigeantes et moins simples que les évaluations entreprises au stade des projets. Cela traduit en partie les difficultés posées par le grand nombre de règlements potentiellement concernés, et la nécessité d'adopter des approches et des méthodes différentes dans des contextes différents.

Généralement, l'examen des règlements en vigueur se heurtera davantage à une résistance politique ou administrative que l'examen des projets de règlements. Cela est compréhensible, compte tenu de la possibilité qu'un examen mette en évidence que certains règlements mis en œuvre précédemment ont été excessivement coûteux ou n'ont pas atteint leurs objectifs.

Étant donné que les incitations sont plus faibles pour les évaluations *ex post* que pour les évaluations *ex ante*, il est utile de mettre en place des systèmes pour garantir la réalisation des examens. Les principes suivants devraient contribuer à guider les améliorations dans les domaines où cela s'avère nécessaire.

Références

Australian Productivity Commission (2006), *Potential Benefits of the National Reform Agenda, Report to the Council of Australian Governments*, https://www.pc.gov.au/research/completed/national-reform-agenda/nationalreformagenda.pdf (consulté le 2 juillet 2020). [6]

Bouis, R. et R. Duval (2011), *Raising Potential Growth After the Crisis: A Quantitative Assessment of the Potential Gains from Various Structural Reforms in the OECD Area and Beyond*, Éditions OCDE, https://dx.doi.org/10.1787/5kgk9qj18s8n-en. [5]

Coglianese, C. (2012), *Measuring Regulatory Performance: Evaluating the Impact of Regulation and Regulatory Policy*, http://www.oecd.org/gov/regulatory-policy/1_coglianese%20web.pdf. [2]

Lind, E. et C. Arndt (2016), *Perceived Fairness and Regulatory Policy: A Behavioural Science Perspective on Government-Citizen Interactions*, Éditions OCDE, Paris, https://dx.doi.org/10.1787/1629d397-en. [7]

OCDE (2018), *Politique de la réglementation : Perspectives de l'OCDE 2018*, Éditions OCDE, Paris, https://dx.doi.org/10.1787/9789264305458-fr. [8]

OCDE (2016), *Perspectives de l'OCDE sur la politique de la réglementation 2015*, Éditions OCDE, Paris, https://dx.doi.org/10.1787/9789264245235-fr. [3]

OCDE (2012), *Politique réglementaire et gouvernance : Soutenir la croissance économique et servir l'intérêt général*, Éditions OCDE, Paris, https://dx.doi.org/10.1787/9789264168220-fr. [4]

OCDE (2012), *Recommandation du Conseil concernant la politique et la gouvernance réglementaires*, Éditions OCDE, https://dx.doi.org/10.1787/9789264209039-fr. [1]

1 Principes généraux

Conformément à la *Recommandation de 2012 concernant la politique et la gouvernance réglementaires* (OCDE, 2012[1]), on dénombre trois principes de haut niveau qui devraient être largement applicables, quel que soit le cadre institutionnel des différents pays.

Les cadres d'action réglementaire doivent intégrer explicitement des examens *ex post* en tant que partie intégrante et permanente du cycle réglementaire.

La notion largement acceptée de « cycle réglementaire » admet que les règlements peuvent s'apparenter à des actifs qui subissent une dépréciation et nécessitent donc d'être gérés et renouvelés en continu. Pour les raisons que nous venons d'évoquer, même s'ils sont adaptés au moment de leur mise en œuvre, nombre de règlements risquent de ne plus répondre à leurs objectifs au bout de quelques années. Les coûts cumulés de cette inadaptation peuvent être considérables en termes économiques ou sociaux.

Il est donc fondamental, pour obtenir de bons résultats et maintenir l'efficacité de la réglementation au fil du temps, que les politiques de la réglementation prévoient explicitement un examen *ex post* ainsi qu'une évaluation *ex ante,* et définissent des conditions de mise en œuvre et d'application. À défaut d'approche intégrée des examens *ex post*, les gouvernements ont toujours la possibilité de mettre en œuvre une stratégie à plus long terme visant à améliorer la qualité globale de la réglementation et à apporter ainsi des avantages supplémentaires aux citoyens.

Ces conditions peuvent aussi, à terme, contribuer à ancrer davantage la « culture de l'évaluation » au sein du gouvernement, en renforçant les capacités administratives dans ce domaine et en relevant le niveau des évaluations elles-mêmes. Ce faisant, elles peuvent également contribuer à renforcer (ou à rétablir) la confiance du public envers le rôle de régulateur du gouvernement.

Un système solide d'examens *ex post* de la réglementation garantirait une couverture complète de la réglementation existante au fil du temps, tout en assurant un « contrôle qualité » des principaux examens et en surveillant le fonctionnement du système dans sa globalité.

Tous les pays disposent encore d'une vaste réglementation, malgré les réformes réglementaires et les programmes d'allègement de la charge administrative mis en œuvre dans nombre d'entre eux. Il faut absolument éviter de passer à côté de l'occasion d'améliorer les performances réglementaires globales d'un pays par inadvertance ou négligence (ou résistance). La qualité des examens peut varier, si bien qu'un système solide devrait également être en mesure de guider et de surveiller les processus d'examen. Et comme ces systèmes impliquent normalement un certain degré d'« apprentissage par la pratique », il est également nécessaire de prévoir une évaluation périodique de leurs performances globales (voir (OCDE, 2011[2]), annexe 2), qui étudie les avantages généraux des programmes de réduction de la charge administrative et élabore un cadre méthodologique pouvant être utilisé pour l'évaluation des programmes.

Les examens doivent comprendre une évaluation factuelle des résultats réels des règlements par rapport à leurs fondements et leurs objectifs, tenir compte des éventuels enseignements, et formuler des recommandations pour remédier aux éventuelles insuffisances.

Tout comme les processus d'analyse d'impact de la réglementation (AIR) *ex ante* cherchent à déterminer les avantages nets probables d'une nouvelle initiative réglementaire, que ce soit en termes sociaux ou économiques (ou les deux), les examens *ex post* doivent idéalement déterminer dans quelle mesure ceux-ci ont été obtenus dans la pratique. Cela passe normalement par une évaluation des coûts de mise en conformité, mais également d'autres coûts et avantages liés à l'objectif premier du règlement (par ex. stabilité financière, minimisation des dommages, concurrence, etc.) (Encadré 1.1). Cela signifie également que le financement de toute collecte de données et de tout examen ultérieur doit être pris en compte dans les coûts du projet de règlement.

Pour être utiles aux décideurs et au public, il est donc important que les examens *ex post* tirent des enseignements des expériences passées et intègrent des recommandations d'amélioration, lorsque c'est nécessaire. Ces recommandations peuvent porter sur des modifications mineures des règlements examinés, leur suppression ou leur remplacement. Par contrecoup, cela se répercute sur les processus de (re)conception, mettant en évidence la nécessité d'accroître la résilience et l'adaptabilité des systèmes réglementaires, surtout face à la rapidité des changements technologiques et environnementaux.

Encadré 1.1. Exemples d'examens *ex post* dans les pays de l'OCDE

- Au Canada, il est ressorti d'une évaluation du cadre de réglementation pour le développement des ressources que les investisseurs pouvaient se sentir découragés par la complexité des règles et procédures, ce qui compromet la viabilité économique de projets majeurs. Le ministère des Finances a recommandé la mise en œuvre du Plan de développement responsable des ressources, comprenant notamment une meilleure prévisibilité des évaluations de projets, la réduction des doublons dans les processus d'évaluation, le renforcement de la protection de l'environnement et une consultation plus poussée des peuples autochtones.

- La Commission de la productivité au Chili a entrepris une évaluation du secteur de l'extraction du cuivre. Elle a formulé, au total, 53 recommandations, dont un certain nombre portent spécifiquement sur l'environnement réglementaire l'extraction minière. Elle a recommandé que les procédures d'approbation pour les grands projets soient raccourcies, de façon à ne pas excéder, dans l'idéal, trois ans. À cette fin, il serait nécessaire d'améliorer la coordination au sein même des organismes publics et entre eux. D'autres recommandations concernaient l'amélioration de la sûreté du secteur et la réforme des modalités de prospection et de permis d'exploiter.

- Le Cabinet du Premier ministre de Finlande a publié une étude portant sur l'évaluation et l'allégement du fardeau de la réglementation. L'étude de 2018 a conclu qu'il était impossible d'établir une évaluation générale du fardeau de la réglementation par manque d'informations suffisantes, soit provenant des documents budgétaires (approche « descendante ») soit loi par loi (approche « ascendante »). Toutefois, le rapport a présenté 15 propositions pour réduire ou éviter le fardeau de la réglementation, notamment des recommandations sur la mise en œuvre et sur l'élaboration des textes législatifs.

- En 2017, le ministère des Finances allemand a procédé à une évaluation approfondie des déclarations fiscales standard destinées aux citoyens. Dans ses conclusions, il a émis des recommandations visant la simplification des déclarations fiscales. À la suite de cette évaluation, une consultation et des discussions autour de la coordination ont été menées avec des autorités au niveau infranational en vue de la mise en œuvre des recommandations.

- En 2015, l'État d'Israël a annoncé un plan quinquennal ciblant la réduction des fardeaux de la réglementation. En 2016, quelque 31 domaines de réglementation différents ont été évalués, notamment les lois ayant trait à la concurrence, les charges administratives, le coût du respect de la réglementation, la conformité aux instruments internationaux, les risques et les chevauchements dans la réglementation. Ainsi, le ministère de la Protection de l'environnement a évalué la procédure d'autorisation intégrée dans des secteurs tels que les rayonnements non ionisants ou les déchets dangereux. Il anticipe une économie annuelle de 74.5 millions ILS (shekels) grâce à la réduction des allers-retours avec les autorités et la création d'un climat de certitude tout au long du cycle de vie de l'autorisation.

- En 2014, pour l'évaluation de la charge administrative aux États-Unis ont été examinées les suites données par les organismes publics à l'Executive Order 13610 : Identifying and Reducing Regulatory Burdens (décret-loi sur l'identification et la réduction des fardeaux liés à la réglementation). Dans la première itération des rapports périodiques sur la mise en œuvre du décret-loi, des agences et organismes exécutifs ont mis en évidence plus d'une centaine d'initiatives générant, selon les estimations, une réduction du fardeau administratif équivalant à plus de 100 millions d'heures.

Source : (OCDE, 2018[3]) ; (Comisión Nacional de Productividad, 2017[4]) ; (Cabinet de la Première ministre : Activités de recherche du gouvernement (Finlande), 2018[5]) ; (Ministère des Finances (Allemagne), 2020[6]) ; (Prime Minister's Office: Better Regulation Unit (Israël), 2017[7]) ; (Office of Management and Budget: Office of Information and Regulatory Affairs (États-Unis), 2016[8]).

Des systèmes de contrôle et de responsabilité doivent être mis en place au sein des administrations publiques pour éviter l'omission de domaines clés de la réglementation, et s'assurer que les examens sont conduits de manière appropriée.

Si les organismes de réglementation et leurs ministères sont entièrement livrés à eux-mêmes, les examens risquent de passer à côté de domaines importants de la réglementation, ou d'être parfois réalisés trop tard (dans le sillage d'un incident ou d'une « crise »), ou de ne pas être de qualité suffisante pour éclairer les décisions relatives au maintien ou à la modification des règlements concernés. La tentative de rendre les AIR obligatoires au sein de la plupart des gouvernements de l'OCDE est une reconnaissance de cette réalité.

Ces organes de contrôle ont notamment pour fonction de donner des conseils sur les obligations d'évaluation réglementaire des départements et ministères concernés, ainsi que sur le contrôle de la conformité. De même, ils sont généralement bien placés pour dispenser ou organiser des formations sur les processus et méthodes d'examen à l'intention des fonctionnaires des ministères.

Les dispositifs institutionnels conjuguant contrôle des processus d'évaluation *ex ante* mais aussi *ex post* dans l'ensemble de l'administration présentent des avantages.

Le fait que les règlements passent par un certain nombre de phases après leur conception plaide en faveur de mécanismes de contrôle et de responsabilité portant sur l'ensemble du « cycle réglementaire ». En particulier, il existe un lien entre les évaluations *ex ante* et *ex post*, les premières configurant les secondes, et les examens *ex post* étant effectués à la lumière des évaluations *ex ante*, et contribuant à éclairer les évaluations ultérieures des règlements nouveaux ou modifiés (Encadré 1.2).

Encadré 1.2. Exemples de liens entre le contrôle réglementaire *ex ante* et *ex post* dans les pays membres de l'OCDE

- L'Autriche a mis en place le système de « *Wirkungsorientierte Folgenabschätzung* », qui instaure une obligation systématique d'évaluation *ex ante* et *ex post*, et impose d'évaluer les principaux règlements au bout de cinq ans. Le Bureau fédéral de gestion de la performance est chargé de garantir la qualité des évaluations *ex ante* et *ex post*. Son rapport de 2017 met en avant un projet de règlement relatif au financement des infrastructures alpines, qui évoque explicitement la nécessité de données d'impact permettant de mesurer les progrès avec précision, afin d'évaluer l'efficacité réelle du règlement. L'évaluation *ex post* doit ensuite s'appuyer sur cette base de données au moment de l'examen du règlement.

- Le comité d'examen de la réglementation de la **Commission européenne** passe en revue les analyses d'impact *ex ante*, ainsi que certaines évaluations *ex post*. Son rapport annuel 2017 examine notamment les résultats de l'appréciation des analyses d'impact et des évaluations *ex post*, lorsque les projets réglementaires ont fait l'objet d'une « réunion en amont » informelle avec le personnel des services de la Commission. De manière générale, il en ressort que le résultat final des analyses d'impact était meilleur lorsque ces réunions en amont avaient eu lieu – réunions qui portaient généralement sur des domaines réglementaires plus complexes. Il n'en va pas de même pour les évaluations *ex post*, et la question a été posée de savoir si cet impact limité était dû au fait que la réunion en amont se tenait trop tard au cours du processus d'évaluation.

Source : (Ministère fédéral de l'Art, de la Culture, de la Fonction publique et des sports (Autriche), 2018[9]) ; (Comité d'examen de la réglementation (Commission européenne), 2018[10]).

Cette fonction de double contrôle doit idéalement être confiée à une unité spécialisée au sein d'un seul ministère ou organisme compétent à l'échelle du gouvernement. Cela devrait permettre de renforcer la cohérence, le développement des compétences, l'établissement des relations et la conservation des connaissances institutionnelles pertinentes. On peut citer à titre d'exemple les organes de contrôle de la Finlande, du Mexique, du Royaume-Uni et de l'Union européenne (Tableau 1.1).[1]

Tableau 1.1. Organismes en charge du contrôle de l'analyse d'impact *ex ante* et de l'évaluation *ex post*

Pays membre de l'OCDE	Nom de l'organisme de contrôle
Australie	Office des bonnes pratiques réglementaires (Office of Best Practice Regulation–OBPR)
Autriche	Bureau fédéral de gestion de la performance (FPMO) (Chancellerie fédérale)
Autriche	Ministère des Finances
Danemark	Comité interministériel de mise en œuvre de la réglementation européenne
Estonie	Responsabilité partagée entre la Division de la qualité des textes, le Département de la politique législative, le ministère de la Justice
Commission européenne	Comité d'examen de la réglementation
Commission européenne	Secrétaire Général (SG)

---

[1] Les Perspectives 2015 et 2018 de la politique de la réglementation (OCDE, 2016[11]), (OCDE, 2018[3]) soulignent l'émergence, au cours des dix dernières années, d'organismes indépendants du gouvernement chargés d'examiner les outils de gestion de la réglementation, notamment l'AIR et, dans une moindre mesure, l'évaluation *ex post*.

Pays membre de l'OCDE	Nom de l'organisme de contrôle
Finlande	Conseil finlandais d'analyse d'impact de la réglementation (FCRIA)
Allemagne	Unité de l'amélioration de la réglementation (Chancellerie fédérale)
Grèce	Bureau pour l'amélioration de la réglementation (BRO) du Secrétariat général du gouvernement
Israël	Département de l'amélioration de la réglementation du Bureau du Premier ministre
Italie	Département des affaires juridiques et législatives (DAGL) de la Présidence du Conseil des ministres
Italie	Unité indépendante de l'analyse d'impact
Japon	Bureau d'évaluation administrative du ministère des Affaires intérieures et des Communications
Corée	Institut coréen de développement (KDI) (centre de recherche sur la réglementation)
Corée	Institut coréen d'administration publique (KIPA) (centre de recherche sur la réglementation)
Corée	Comité de la réforme réglementaire
Luxembourg	Ministère de la Fonction publique et de la Réforme administrative
Mexique	Commission nationale pour l'amélioration de la réglementation (CONAMER)
Pologne	Responsabilité partagée entre le Conseil de programmation du gouvernement, avec le soutien du Coordonnateur de l'AIR au sein de la Chancellerie du Premier ministre
Pologne	Département d'évaluation des risques réglementaires au sein du ministère du Développement économique
Espagne	Bureau pour la coordination et la qualité de la réglementation (Oficina de Coordinación y Calidad Normativa)
Royaume-Uni	Comité de la politique de la réglementation (RPC) (Regulatory Policy Committee)
États-Unis	Office of Information and Regulatory Affairs (OIRA)

Note : ce tableau est basé sur les données disponibles pour 70 organes chargés du contrôle de la qualité des outils de gestion de la réglementation et mentionnés dans l'enquête.

Source : questions de l'enquête sur les organes de contrôle réglementaire, Enquête 2017 sur les indicateurs en matière de politique et de gouvernance réglementaires, http://oe.cd/ireg.

Il est généralement préférable de déterminer le type d'examen *ex post*, ainsi que son calendrier ou ses « déclencheurs », au moment de la conception des règlements.

Il est plus facile d'apprécier le type d'examen le plus approprié au stade de l'élaboration des règlements, en fonction de la nature du règlement, de son contexte et des éventuelles incertitudes quant à ses effets. Autre avantage : à ce stade, il est plus probable qu'une expertise pertinente soit disponible. Cette approche permet également de déterminer en amont les données nécessaires et d'organiser leur collecte, ce qui peut jouer un rôle crucial.

Par conséquent, il serait souhaitable que la question des examens *ex post* soit obligatoirement abordée lors des évaluations *ex ante*, et qu'un type d'examen approprié soit spécifié dans le rapport sur l'impact de la réglementation ou tout autre document.

Les ministères et les organismes doivent annoncer à l'avance les examens réglementaires à venir (idéalement sous la forme d'un plan prospectif annuel d'examen de la réglementation).

Les révisions de la réglementation dépendent souvent de manière critique de l'ampleur et de la qualité des contributions des personnes concernées ou intéressées par la réglementation en question. Ces contributions sont nécessaires tant pour évaluer les impacts et les résultats, que pour promouvoir l'acceptation et le soutien de toute modification réglementaire pouvant s'ensuivre. La préparation des parties prenantes à un examen peut nécessiter la collecte et l'analyse d'un nombre considérable de données, ce qui nécessite du temps et des ressources. Cette préparation peut être facilitée par un préavis adéquat. En outre, les informations relatives aux autres examens prévus peuvent aider les parties prenantes à hiérarchiser leurs efforts et, plus généralement, à éviter la « lassitude » que génèrent les examens. La planification réglementaire est de plus en plus courante dans les pays membres de l'OCDE, bien que seul un tiers d'entre eux environ y ait actuellement recours pour les règlements subordonnés (Graphique 1.1).

Graphique 1.1. Listes en ligne utilisées dans le cadre de la planification réglementaire

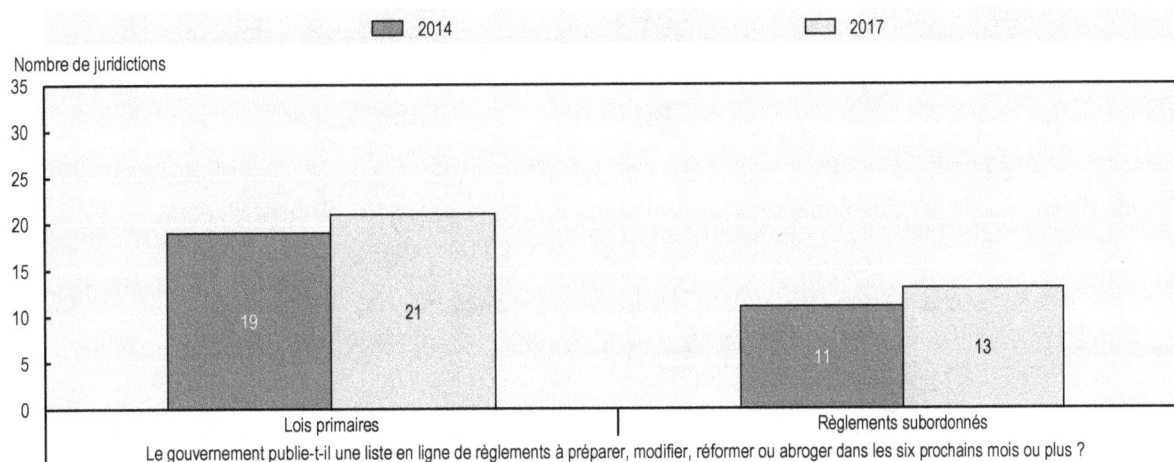

Note : les données sont fondées sur 34 pays membres de l'OCDE et l'Union européenne.
Source : Indicateurs des enquêtes 2014 et 2017 sur la politique et la gouvernance réglementaires, http://oe.cd/ireq.

Les budgets des organismes doivent prévoir explicitement la prise en charge des coûts d'examen des règlements dont ils sont responsables.

Lorsque les budgets sont restreints, les examens *ex post* de la réglementation peuvent céder la place à des activités jugées plus urgentes et importantes à ce moment-là. En l'absence de dispositions explicites sur les ressources des examens, ceux-ci peuvent être reportés ou annulés, voire entrepris sous une forme inadaptée à l'objectif visé (par ex. avec un recours limité à la consultation). Les examens doivent être considérés comme une partie intégrante des fonctions de réglementation d'un ministère ou d'un organisme plutôt qu'un « à-côté ». Ce sera plus facilement le cas avec des ressources dédiées.

24 |

Références

Cabinet de la Première ministre : Activités de recherche du gouvernement (Finlande) (2018), *Julkaisija ja julkaisuaika Valtioneuvoston kanslia (Évaluation et réduction des charges réglementaires)*, https://tietokayttoon.fi/documents/10616/6354562/27-2018-S%C3%A4%C3%A4ntelytaakan+arviointi+ja+v%C3%A4hent%C3%A4minen.pdf/f32dc48f-4dcf-4088-b7fe-67d50f3b23ac?version=1.0. [5]

Comisión Nacional de Productividad (2017), *Productivity in the Chilean Copper Mining Industry*, http://www.comisiondeproductividad.cl/wp-content/uploads/2018/09/Productivity_copper.pdf. [4]

Comité d'examen de la réglementation (Commission européenne) (2018), *Annual Report 2017*, https://ec.europa.eu/info/sites/info/files/rsb-report-2017_en.pdf. [10]

Ministère des Finances (Allemagne) (2020), *Simplifying tax declarations*, https://www.bundesregierung.de/breg-en/issues/wirksam-regieren-with-citizens-for-citizens/topics/simplifying-tax-declarations-392142. [6]

Ministère fédéral de l'Art, de la Culture, de la Fonction publique et des sports (Autriche) (2018), *Bericht über die wirkungsorientierte Folgenabschätzung: Bericht gemäß ?? 68 Abs. 5, BHG 2013 iVm ?? 6, Wirkungscontrollingverordnung*, https://www.oeffentlicherdienst.gv.at/wirkungsorientierte_verwaltung/dokumente/WFA-Bericht_2017_WEB_2.pdf?6wd8ir. [9]

OCDE (2018), *Politique de la réglementation : Perspectives de l'OCDE 2018*, Éditions OCDE, Paris, https://dx.doi.org/10.1787/9789264305458-fr. [3]

OCDE (2016), *Perspectives de l'OCDE sur la politique de la réglementation 2015*, Éditions OCDE, Paris, https://dx.doi.org/10.1787/9789264245235-fr. [11]

OCDE (2012), *Recommandation du Conseil concernant la politique et la gouvernance réglementaires*, Éditions OCDE, Paris, https://dx.doi.org/10.1787/9789264209039-fr. [1]

OCDE (2011), *Pourquoi la simplification administrative est-elle si compliquée ? Perspectives au-delà de 2010*, Éliminer la paperasserie, Éditions OCDE, Paris, https://dx.doi.org/10.1787/9789264089778-fr. [2]

Office of Management and Budget: Office of Information and Regulatory Affairs (États-Unis) (2016), *Information Collection Budget of the United States Government*, http://www.whitehouse.gov/omb/inforeg_infocoll/. [8]

Prime Minister's Office: Better Regulation Unit (Israël) (2017), *Regulatory Burden Reduction Summary 2016*, http://185.70.251.162/uploads/reports/7/Regulation2016_ENG2.pdf. [7]

2 Principales approches en matière d'examen

Il est généralement nécessaire de recourir à différentes approches pour effectuer un examen *ex post* de la réglementation. Globalement, ces approches vont des examens programmés aux examens initiés ponctuellement (*ad hoc*) ou dans le cadre de processus de « gestion » continue.

La plupart des pays ont adopté plusieurs de ces approches (OCDE, 2015[1]) en puisant dans les différentes catégories d'examens répertoriées ci-après (Tableau 2.1). Cette classification s'inspire d'une taxonomie élaborée par la Commission australienne de la productivité.

Tableau 2.1. Approches et mécanismes en œuvre dans les examens *ex post* de la réglementation

Examens programmés	Examens *ad hoc*	« Gestion » continue
• Règles de caducité	• Bilans publics	• Règles régissant les flux réglementaires
• Examens prévus dans la législation	• Examens fondés sur des principes	• Objectifs quantitatifs d'allègement de la charge administrative
• Autres examens de suivi	• Examens approfondis	
	• Analyse comparative	

Source : Adapté de (Australian Productivity Commission, 2011[2]).

Examens « programmés »

Comme nous l'avons indiqué, définir et programmer les examens bien à l'avance présente de nombreux avantages. Cela peut se faire de différentes façons.

Si un règlement ou une loi est susceptible d'avoir des retombées importantes sur le plan social ou économique, notamment parce qu'on y trouve des éléments innovants ou parce que son efficacité est incertaine, il est souhaitable d'insérer dans la réglementation ou la législation elle-même des exigences en matière d'examen.

Dans de tels cas, un examen peut s'avérer crucial pour garantir le nécessaire « apprentissage par la pratique » et s'assurer de l'absence de conséquences non intentionnelles. Prévoir un examen dans la loi habilitante renforce les chances que cet examen soit effectué au moment opportun et qu'il aborde les principaux sujets de préoccupation. C'est aussi un moyen de signaler publiquement le souhait du gouvernement d'obtenir de bons résultats, ce qui est important. La réglementation australienne sur l'accès des tiers aux infrastructures économiques essentielles illustre bien cela. La législation initiale prévoyait explicitement un examen dans un délai de cinq ans, or à la suite de cet examen, elle a subi d'importantes modifications (Australian Productivity Commission, 2005[3]).

La majorité des pays de l'OCDE insèrent au moins quelques exigences en matière d'examen dans leur réglementation, mais cette pratique est plus courante en Hongrie, en Corée et au Royaume-Uni (voir Encadré 2.1).

Encadré 2.1. Exemples d'exigences en matière d'examen prévues dans la réglementation

- Les documents d'orientation de la Hongrie en matière d'analyse d'impact de la réglementation (AIR) stipulent qu'il faut indiquer dans toute proposition réglementaire, au moment de son élaboration, s'il est nécessaire de définir une évaluation *ex post* dans le texte législatif. Cela signifie indiquer au cas par cas si une évaluation *ex post* sera réalisée et, si oui, à quel moment.

- En Corée, conformément à l'Article 8 de la Loi-cadre sur les règlements administratifs, l'ensemble des nouvelles lois et des nouveaux actes modificatifs ainsi que les lois subordonnées doivent prévoir une période d'examen effective, qui ne doit généralement pas dépasser cinq ans.

- Au Royaume-Uni, un examen obligatoire des règlements subordonnés est prévu lorsque ces règlements affectent soit des entreprises, soit un organisme bénévole ou communautaire. Le rapport doit énoncer les objectifs fixés, évaluer dans quelle mesure ils ont été atteints, déterminer si ces objectifs restent appropriés et, si c'est le cas, évaluer s'il serait possible de les atteindre à moindre frais. Le premier rapport doit être présenté dans les cinq ans suivant l'entrée en vigueur du règlement subordonné, suivi d'autres examens à une échéance de cinq ans.

Source : (OCDE, 2018[4]); (Legislation.co.uk, 2015[5]) Sections 28 à 32.

Les exigences de caducité constituent un mécanisme utile de « sécurité intégrée » garantissant que la réglementation subordonnée existante continue de servir les objectifs fixés au fil du temps.

La « caducité » désigne l'expiration automatique d'un règlement à une échéance donnée, sauf s'il a été reformulé. Conçues et mises en œuvre avec soin, les clauses de caducité permettent de supprimer de façon efficace des règlements devenus superflus ou qui ne sont plus rentables, tout en laissant la possibilité de plaider en faveur d'un renouvellement ou d'une modification de ces règlements.

Cette approche est normalement réservée aux règlements secondaires ou subordonnés car si on l'applique à la législation primaire, le coût et les perturbations qu'entraînerait la suppression d'une règle par inadvertance pourraient être importants. Un certain nombre de juridictions prévoient des dispositions distinctes visant à garantir que d'autres règlements seront examinés dans des délais prescrits (Encadré 2.2).

En tant que mécanisme de sécurité intégrée, les clauses de caducité ne se déclenchent normalement que longtemps après l'élaboration d'une réglementation, par exemple au bout de 5 à 10 ans. Les règles peuvent être structurées de manière à couvrir une large partie de la réglementation existante, mais elles peuvent aussi être sélectives ou comporter des exclusions spécifiques. Comme ces processus peuvent concerner un grand nombre de règlements, leur gestion doit être efficace afin d'éviter une surcharge d'examens. Par exemple, une étude récente de l'OCDE sur la gouvernance réglementaire en Corée a révélé qu'étant donné le nombre de règlements sur le point d'arriver à expiration, le personnel chargé des examens au sein du cabinet du Premier ministre disposait en moyenne d'un peu plus d'une journée à peine pour examiner chaque règlement concerné. De même, les processus mis en place doivent garantir la sécurité réglementaire, surtout lorsque ce travail est réalisé à proximité de la date d'« expiration ».

Encadré 2.2. Résumé des dispositions de caducité en place dans les pays de l'OCDE

Les données les plus récentes indiquent qu'un peu moins de la moitié des pays membres de l'OCDE ont mis en place, d'une façon ou d'une autre, des dispositions de caducité, et que celles-ci concernent plus souvent des règlements subordonnés que des lois primaires (OCDE, 2018[4]). Toutefois, dans la majorité des pays concernés, ces dispositions sont généralement prises au cas par cas.

Des dispositions de caducités plus standardisées ont été mises en place dans les pays suivants : Allemagne, Corée et France (3 à 5 ans pour les lois primaires et les règlements subordonnés), Mexique (5 ans pour les normes techniques relatives aux règlements subordonnés), Royaume-Uni (au plus tard 7 ans, avec un examen au bout de 5 ans pour les règlements subordonnés) et Australie (10 ans pour les règlements subordonnés). Les dispositions de caducité de la Corée reprennent les exigences générales du pays en matière d'examen (voir ci-dessus).

Source : (OCDE, 2018[4]) ; (OCDE/KDI, 2017[6]).

Dans certaines situations, il peut être utile de prévoir des examens de suivi dans des délais plus courts (1 à 2 ans), notamment lorsqu'une mesure réglementaire d'urgence s'avère nécessaire, lorsque l'évaluation réglementaire *ex ante* a été jugée inadéquate ou lorsque la réglementation a été mise en œuvre malgré des lacunes ou des risques de détérioration connus.

Les examens de suivi constituent un autre mécanisme de « sécurité intégrée », plus ciblé, destiné à détecter en temps utile tout impact négatif non intentionnel, avant que les coûts ne deviennent trop élevés (Encadré 2.3). Ils n'interviennent que dans des circonstances exceptionnelles. L'expérience indique que ces impacts sont plus probables lorsque les processus *ex ante* se sont avérés déficients ou ont été annulés.

Encadré 2.3. Exigences en matière d'examens de suivi

Les données de l'OCDE signalent que huit pays membres ont actuellement mis en place des exigences en matière d'examens de suivi : **Australie, Corée, Hongrie, Irlande, Italie, Japon, Nouvelle-Zélande** et **Slovénie** (OCDE, 2018[4]).

- En **Australie**, toute nouvelle réglementation ayant « un impact économique important ou généralisé » doit faire l'objet d'un examen dans un délai de cinq ans. En outre, un examen de suivi doit être effectué dans les deux ans en cas d'introduction, suppression ou modification significative d'un règlement sans qu'aucune analyse d'impact n'ait été fournie, y compris lorsque le Premier ministre accorde, en raison de circonstances exceptionnelles, une exemption aux exigences réglementaires de présenter une analyse d'impact. Le bureau régissant les bonnes pratiques réglementaires (*Office of Best Practice Regulation*) tient un registre public des examens de suivi en suspens et détermine si les agences se conforment aux meilleures pratiques.

- En **Slovénie**, lorsqu'un projet de loi a été présenté à l'Assemblée nationale sans analyse d'impact et qu'il est adopté dans le cadre d'une procédure d'urgence, un rapport doit être établi au bout de deux ans à compter de la date de mise en œuvre. Le rapport doit contenir une analyse d'impact dans les mêmes domaines qu'une analyse d'impact standard, et le rapport est ensuite transmis à l'Assemblée nationale pour information et publié sur le site web du gouvernement.

- En **Corée**, s'il existe des raisons particulières justifiant la mise en place immédiate d'un nouveau règlement (ou d'une modification), le chef du ministère à l'origine de cette proposition peut demander au Comité de réforme de la réglementation de prendre une décision d'urgence. Si le Comité décide qu'un règlement est urgent, il voit s'il est raisonnable d'envisager sa mise en place dans un délai de 20 jours et informe de ses conclusions le ministère qui l'a proposé. Le chef du ministère doit alors soumettre une analyse d'impact pour ce règlement dans les 60 jours suivant les conclusions du comité.

Source : OCDE (2017) ; (Australian Office of Best Practice Regulation, 2016[7]); (PISG Legal Information System, s.d.[8]) ; Loi-cadre sur les règlements administratifs 2013 (Corée).

La nécessité d'une « réglementation préalable » se fait souvent sentir dans des situations de crise, lorsqu'il faut agir vite et que les procédures normales sont trop longues. Elle peut également être motivée par un avis politique jugeant qu'il est utile de réglementer, sauf évaluation technique contraire. Bien que ces raisons puissent être un motif légitime de réglementation, les risques sont généralement plus importants dans de telles circonstances, ce qui justifie la mise en place d'un examen dans un délai plus court que dans le cadre d'un processus plus systématique.

Examens *ad hoc* à des fins particulières

Les examens doivent souvent être lancés de manière ponctuelle (*ad hoc*) en réponse à une question ou à une crise qui s'annonce, par exemple en cas de catastrophe naturelle ou de grave problème de santé publique. Ils peuvent également intervenir dans le cadre d'enjeux ou de problèmes plus généraux, comme les entraves à la concurrence, ou porter sur une activité économique ou un segment de la société spécifique, par exemple, sur le développement régional.

Les « bilans » publics de la réglementation fournissent l'occasion de faire périodiquement le point sur les problèmes constatés dans certains secteurs ou dans l'ensemble de l'économie.

Ces « bilans » sont utiles pour solliciter l'avis du public sur les problèmes et les priorités du moment. Ils peuvent également constituer un moyen efficace d'identifier les charges réglementaires cumulées ou de détecter les interactions négatives entre différentes réglementations (Graphique 2.1).

Compte tenu de leur étendue et des ressources nécessaires pour les réaliser, les bilans ne sont normalement exigés que peu fréquemment, à des intervalles allant de 5 à 10 ans. De plus, étant donné qu'ils sont motivés par des plaintes, ils doivent être accompagnés de processus de contrôle rigoureux avant d'aboutir à la formulation de recommandations. Par exemple, en Australie, le Groupe de travail du Premier ministre sur la réglementation de 2005 a adopté une approche consistant à sélectionner dans un premier temps les propositions qui semblent intéressantes, puis à les transmettre au ministère concerné pour commentaires avant de prendre une décision sur une recommandation (Regulation Taskforce, 2006[9]).

Graphique 2.1. Examens *ad hoc* de la réglementation existante au cours des 12 dernières années

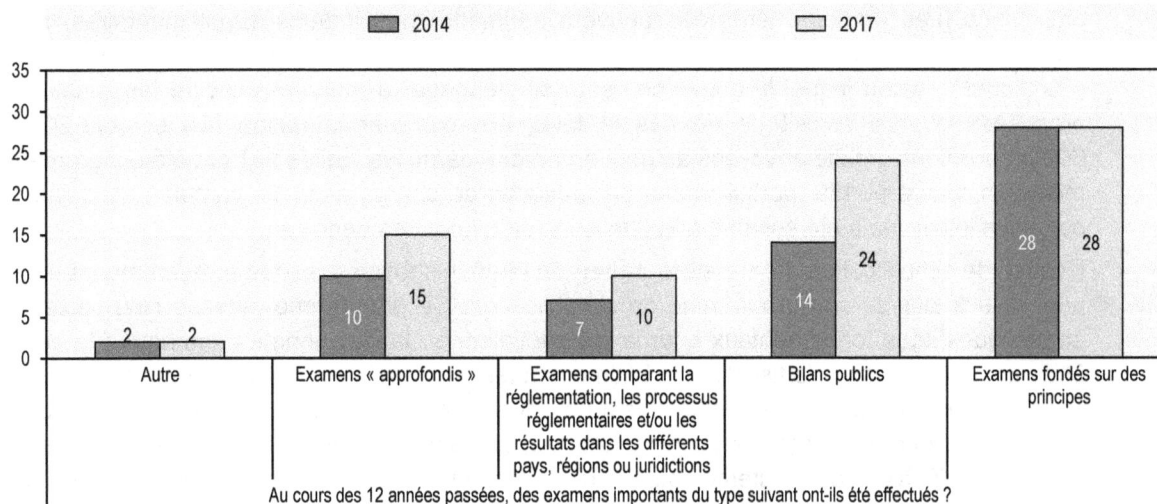

Note : Les données proviennent de 34 pays membres de l'OCDE et de l'Union européenne.
Source : Indicateurs des enquêtes 2014 et 2017 sur la politique et la gouvernance réglementaires, http://oe.cd/ireg.

Il est également possible de restreindre les examens de type bilan à des questions de performance spécifiques ou à certains impacts préoccupants en utilisant un critère ou un principe de sélection uniforme.

Une telle approche étant plus sélective, elle est généralement plus facile à gérer que les bilans généraux et peut permettre une analyse plus approfondie (Encadré 2.4). La plupart des pays ont procédé à des examens de ce type à un moment donné au cours des 12 dernières années, comme l'indiquent les résultats d'enquête (voir le graphique ci-dessus). Les domaines d'intérêt les plus courants sont les effets anticoncurrentiels et les charges élevées que représente la mise en conformité (OCDE, 2016[10] ; OCDE 2018).

Encadré 2.4. Exemples d'examens fondés sur des principes dans les pays de l'OCDE

- En **Australie**, dans le cadre d'un accord général de « politique nationale de la concurrence » entre les gouvernements des États et des territoires du Commonwealth, la législation ayant des effets anticoncurrentiels avérés a fait l'objet d'examens entre 1995 et 2005. Une nouvelle règle décisionnelle a été instaurée selon laquelle ces réglementations ne pouvaient être maintenues que si l'on pouvait démontrer a) qu'elles procuraient à la société des avantages nets supérieurs aux coûts et b) que les objectifs de la politique ne pouvaient être atteints qu'en entravant la concurrence. Environ 80 % des quelque 2 000 points législatifs concernés ont été examinés au cours de cette période et la majorité d'entre eux ont été supprimés ou modifiés. La juridiction a dans ce cas pu percevoir des « indemnités pour concurrence » de la part du gouvernement fédéral.

- Le Forum des entreprises **danoises** pour une meilleure réglementation a été lancé en 2012. Il vise à assurer le renouvellement de la réglementation des entreprises, dans le cadre d'un dialogue étroit avec le monde des affaires, en recensant les domaines représentant la charge la plus lourde pour les entreprises afin de proposer des mesures de simplification. Il peut s'agir,

---

par exemple, de modifier les règles ou de réduire les délais de traitement. Treize thèmes sont actuellement couverts, allant de l'embauche de travailleurs étrangers aux obstacles à la croissance. Les parties intéressées peuvent soumettre des thèmes supplémentaires. Les propositions du Forum des entreprises sont soumises au principe « se conformer ou s'expliquer », selon lequel le gouvernement doit s'engager à mettre en œuvre les initiatives proposées ou, s'il choisit de ne pas le faire, en expliquer la raison. En octobre 2016, 603 propositions ont été envoyées au gouvernement, parmi lesquelles 191 ont été entièrement mises en œuvre et 189, partiellement. La réduction de charge annuelle cumulée associée à certaines initiatives a été estimée à 790 millions de couronnes danoises.

- L'Office de simplification du ministère **italien** de l'Administration publique a récemment publié une mise à jour de son programme de simplification. Ce programme recense cinq secteurs stratégiques, tous fondamentaux pour la vie quotidienne : la citoyenneté numérique ; le bien-être ; la santé en ligne ; la fiscalité ; le bâtiment et les affaires. Prenons, par exemple, le thème de la citoyenneté numérique. L'objectif est de développer les prestations de services en ligne et l'accès aux communications via l'internet. Les domaines suivants ont été examinés par la suite : la diffusion du système public d'identité numérique ; l'achèvement du registre démographique national ; l'informatisation des procédures civiles, pénales et administratives ; le système de paiement électronique ; les délais moyens de paiement des administrations publiques.

- Entre 2015 et 2017, la **Suède** a procédé à un examen de son secteur hôtelier en mettant l'accent sur la charge administrative qu'impose la réglementation des permis de restauration. Le rapport a mis en évidence la nécessité d'expliquer aux entreprises comment se procurer les permis nécessaires pour ouvrir un restaurant, en quoi ils consistent et comment en assurer la coordination. Ce constat a abouti à l'élaboration d'un guide expliquant comment créer un restaurant et d'une liste de contrôle en mai 2016. En 2017, un projet de normalisation a été lancé sous la forme d'un service électronique sur les sites web des autorités locales.

Source : OCDE (2017) ; (OCDE, 2016[11]) ; (Australian Productivity Commission, 2005[3]) ; (Danish Business Forum, sans date[12]) ; (Ministère de la Simplification et de l'Administration publique (Italie), 2017[13]).

Les examens publics « approfondis » conviennent aux grands régimes réglementaires présentant une grande complexité et de nombreuses interactions et/ou qui sont très litigieux.

Les examens publics approfondis se caractérisent par une approche analytique et probatoire solide. Ils doivent également laisser aux parties prenantes et au grand public une grande latitude pour exprimer leurs points de vue et faire part de leurs commentaires, notamment sur les conclusions et recommandations préliminaires.

C'est donc un exercice relativement gourmand en ressources, dont l'exécution prend généralement beaucoup plus de temps que les autres types d'examen. Par exemple, la durée moyenne des enquêtes publiques sur des sujets réglementaires de grande importance, menées par les commissions en charge de la productivité en Australie, au Chili et en Nouvelle-Zélande, est d'environ 12 mois.

Il s'ensuit que ces examens sont normalement réservés aux domaines réglementaires d'importance majeure, dans lesquels interviennent différents règlements et d'autres instruments politiques dont les effets combinés doivent être compris et envisagés dans les réformes spécifiques proposées. Près de la moitié des pays membres de l'OCDE ont indiqué avoir entrepris un examen approfondi entre 2014 et 2017 (voir Encadré 2.5).

Encadré 2.5. Exemples d'examens approfondis dans les pays de l'OCDE

- La Commission australienne de la productivité (Productivity Commission, PC) mène des enquêtes publiques sur les grandes questions politiques qui lui sont soumises par le gouvernement fédéral, dont beaucoup comportent une composante réglementaire importante, parallèlement à d'autres instruments. La réglementation sociale et environnementale ainsi que la réglementation économique font partie des domaines abordés. Par exemple, la PC a mené deux grands examens sur l'industrie du jeu en Australie, un secteur qui a connu un essor considérable suite aux initiatives de déréglementation des gouvernements des États. Elle a constaté que le cadre réglementaire ne tenait pas suffisamment compte des coûts sociaux et que la politique était trop axée sur les revenus du tourisme et les recettes fiscales. Des recommandations ont été formulées dans divers domaines, avec notamment des règlements limitant les dépenses et les taux de perte sur les « machines de jeu électroniques » ou portant sur l'accès des « joueurs à problèmes » aux établissements de jeu et l'apport d'un soutien à ces personnes.

- La Cour des comptes française a procédé à un examen de l'accès au logement social des personnes défavorisées. Après avoir enquêté dans six quartiers différents, elle a conclu en 2017 que la politique en vigueur était trop axée sur les nouvelles constructions. Elle a recommandé un passage à une gestion active du parc de logements sociaux existant en insistant sur la nécessité d'accroître la transparence et de renforcer le rôle de pilotage des municipalités. C'est ainsi que le gouvernement a lancé un plan de logement en septembre 2017 qui ne se limite pas à la construction de nouveaux logements sociaux mais met l'accent sur la mobilité et la transparence.

- L'Italie a récemment entrepris un examen de ses processus d'enregistrement des entreprises alimentaires. Elle a comparé les dispositions réglementaires mises en œuvre en Espagne, en France, en Italie et au Royaume-Uni. L'examen a mis en évidence des cas de chevauchement des réglementations et de surréglementation. Il a également fait remarquer que certaines informations qu'il fallait fournir aux autorités publiques étaient obsolètes, redondantes, inutiles ou pas réellement exigées par la législation. En réponse à cet examen, l'Italie a révisé ses exigences de notification standardisée en suivant les pratiques en vigueur dans d'autres pays européens.

- Les Pays-Bas ont réalisé une étude dans plusieurs États membres de l'Union européenne (UE) comparant la charge réglementaire imposée aux PME du secteur de la boulangerie. L'évaluation a comparé l'impact des cadres réglementaires appliqués aux Pays-Bas, en Lituanie, en Espagne et en Irlande. L'objectif était d'évaluer si, du point de vue de la mise en œuvre, il existait des différences significatives entre la législation nationale et la législation de l'UE se traduisant par des charges réglementaires inutiles. L'examen a conclu que le recours à des exemptions et à des régimes réglementaires moins stricts pour les PME du secteur de la boulangerie dans la législation européenne pourrait réduire leur charge réglementaire et améliorer leur viabilité économique.

- Le gouvernement néo-zélandais a demandé à sa Commission de la productivité de procéder à un examen du cadre politique de l'enseignement supérieur et des mesures d'adaptation possibles pour faire face aux défis technologiques, démographiques et autres. Elle a constaté que ce secteur était entravé par des contraintes gouvernementales trop lourdes et n'était pas suffisamment innovant pour répondre aux besoins de la société. Elle a formulé des recommandations en matière d'information à l'appui de nouveaux modèles, de modalités de financement et d'une réglementation, notamment en ce qui concerne l'assurance qualité, l'accès aux cours, l'entrée dans le secteur et l'équilibre entre la recherche et l'enseignement.

Source : OCDE (2017) ; (Australian Productivity Commission, 1999[14]) ; (Australian Productivity Commission, s.d.[15]) ; (Cour des comptes (France), 2017[16]) ; (Ministère de la Cohésion des territoires et des Relations avec les collectivités territoriales (France), 2017[17]).

L'« analyse comparative » de la réglementation est un mécanisme puissant qui utilise les comparaisons entre juridictions ayant des objectifs politiques similaires pour recenser les améliorations.

Il est souvent difficile de déterminer le scénario « contrefactuel », c'est-à-dire d'imaginer quelle serait la situation sous un régime différent, lorsqu'on évalue les performances d'une réglementation, surtout si aucun problème majeur n'est survenu. La comparaison des performances réglementaires entre juridictions peut être un moyen efficace de se faire une idée des avantages que pourrait présenter l'adoption de caractéristiques conceptuelles différentes ou d'instruments d'un autre genre. Par exemple, une juridiction peut choisir d'adopter une approche fondée sur les performances plutôt qu'une approche prescriptive de la réglementation alimentaire ou de la sécurité sur le lieu de travail, ou de maintenir les normes de qualité des transports en imposant des barrières réglementaires à l'entrée plutôt qu'au travers d'un régime de surveillance/plaintes.

De telles comparaisons entre juridictions peuvent également exercer une forme de pression concurrentielle sur les juridictions peu performantes et les inciter à faire des réformes.

Pour que les comparaisons soient pertinentes, il faut que les juridictions soient suffisamment similaires sur le plan institutionnel et du point de vue des objectifs politiques fixés dans le domaine concerné. Les systèmes de gouvernement fédéraux ou quasi fédéraux sont plus à même de satisfaire à cette condition.

Dans cette logique, une série spéciale d'études comparatives portant sur différents indicateurs a été menée en Australie entre plusieurs juridictions au sein de la Fédération (voir ci-dessous). Il existe également quelques exercices internationaux similaires comme le rapport « Doing Business » de la Banque mondiale ou, dans le domaine de l'éducation, l'enquête annuelle PISA de l'OCDE.

Gestion continue de la réglementation existante

Dans de nombreux cas, il est possible d'« améliorer en continu » la réglementation en tirant parti des informations sur son fonctionnement et son efficacité, recueillies dans le cadre de processus administratifs.

Il faut mettre en place des mécanismes qui permettent aux organismes chargés de l'application de la loi de transmettre aux secteurs du gouvernement concernés exerçant une responsabilité politique les enseignements tirés « sur le terrain » concernant les performances d'une réglementation.

Les organismes de réglementation dotés de pouvoirs exécutifs et les autorités d'inspection sont souvent les mieux placés pour mesurer les performances d'une réglementation au regard de critères essentiels tels que la facilité d'administration et de mise en conformité ou l'obtention d'un changement de comportement. Ils peuvent jouer un rôle important dans la transmission de ces informations aux services de conception de la réglementation, que ce soit au sein de l'organisme de réglementation lui-même ou dans un département ou un ministère de tutelle. Toutefois, ces retours d'informations en boucles ne sont pas bien implantés dans la plupart des administrations, même si leurs avantages potentiels sont reconnus de longue date (HM Treasury UK, 2005[18]) ; (OCDE, 2017[19]).

Il est donc important de mettre en place des mécanismes de communication internes informant des performances de la réglementation en place « en temps réel », car c'est un moyen d'éviter de devoir procéder à des examens plus importants à un stade ultérieur, lorsque les problèmes seront devenus plus manifestes.

Les règles de compensation réglementaire (comme la règle « *one in, one out* », c'est-à-dire « un ajout, un retrait ») et les objectifs ou quotas de réduction de la charge doivent inclure une exigence selon laquelle les règlements dont la suppression est prévue, s'ils sont encore « actifs », doivent d'abord faire l'objet d'une forme d'estimation de la valeur qu'ils représentent.

Les règles formalisées régissant les flux réglementaires, qui exigent la suppression des règlements existants si de nouveaux règlements sont introduits, ou qui obligent les organismes à réduire les « charges administratives » d'un certain montant chaque année, utilisent en fait des règles de décision simples pour contenir les coûts globaux d'administration et de mise en conformité. Les approches de ce type sont largement utilisées dans l'ensemble de l'OCDE ; voir, par exemple. (Trnka et Thuerer, 2019[20]). Elles prennent souvent la forme d'un groupe de règlements annuels de « nettoyage » et elles ont également été introduites à des niveaux d'administration infranationaux dans certains pays.

Les programmes de réduction de la charge et les compensations entre règlements peuvent constituer un complément important des examens *ex post*. Bien qu'il ne s'agisse pas de formes d'évaluation à proprement parler, ces activités peuvent motiver l'évaluation des réglementations en place. Toutefois, il est important d'éviter les méthodes d'administration trop péremptoires, qui mettent davantage l'accent sur les coûts que sur les avantages de la réglementation. Pour éviter les effets pervers, il faut peser les pour et les contre avant d'apporter des changements.

Cela dit, ces évaluations doivent être modérées de façon de ne pas annuler les avantages de la règle « un ajout, un retrait » sur le plan des coûts administratifs. Il suffit de pouvoir conclure que la suppression du règlement pourrait apporter un bénéfice net.

Il convient de revoir périodiquement les méthodes d'examen elles-mêmes pour s'assurer qu'elles restent adaptées au regard de leur objectif.

Comme indiqué, il est avantageux de recourir à différents types d'examens pour s'assurer que rien ne « passe entre les mailles du filet » et de répartir les efforts en fonction de l'importance des différents règlements et des bénéfices potentiels des examens (Encadré 2.6). Mais il est également important de réviser à intervalles réguliers les techniques d'examen elles-mêmes pour s'assurer qu'elles permettent d'atteindre les objectifs fixés. Par exemple, une méthode d'examen qui semble efficace au début, lorsqu'on met en place une évaluation plus poussée de la réglementation, peut s'avérer moins efficace une fois que la plupart des avantages les plus accessibles ont été obtenus. Un certain nombre de juridictions ont entrepris des examens de ce type (UK National Audit Office, 2011[21]), (Cour des comptes de l'Union européenne, 2018[22]) et certaines ont, suite à cela, apporté des modifications importantes à leurs systèmes d'examen *ex post* ; voir (OCDE, 2011[23]) Annexe 2.

Encadré 2.6. L'utilisation croissante des éclairages comportementaux

On entend par « éclairages comportementaux » les enseignements tirés des sciences comportementales et sociales, qui englobent la prise de décision, la psychologie, les sciences cognitives, les neurosciences, les comportements des organisations et des groupes. Ils sont de plus en plus utilisés par les gouvernements du monde entier pour renforcer l'efficacité des politiques publiques. Dans le cadre des éclairages comportementaux, on adopte une démarche inductive de l'action publique, fondée sur l'expérimentation et les essais, qui remet en question les idées reçues sur les comportements dits « rationnels » des citoyens et des entreprises. Alors que les recherches (OCDE, 2017[19]) montrent qu'en matière de politiques publiques, les éclairages comportementaux servent surtout à améliorer la conception et la mise en œuvre des politiques, la prochaine étape consistera à en étendre l'utilisation en vue de retombées plus amples et plus profondes dans le domaine de l'élaboration des politiques.

L'évaluation *ex post* est bien évidemment un domaine de développement logique de l'utilisation de la méthodologie des éclairages comportementaux. D'une part, il s'agit par définition d'une méthode d'évaluation : l'expérimentation et les essais produisent des preuves de ce qui fonctionne et de ce qui ne fonctionne pas, qui peuvent être utilisées par les décideurs politiques pour évaluer l'efficacité d'un choix politique donné. Cette méthode est particulièrement efficace lorsqu'elle est associée à des analyses d'impact de la réglementation (AIR) *ex ante* fondées sur des données comportementales, l'évaluation *ex post* permettant de déterminer dans quelle mesure une décision politique a atteint les résultats escomptés. D'autre part, les éclairages comportementaux permettent de comprendre comment les citoyens et les entreprises se comportent et prennent des décisions. Cette méthodologie peut servir à évaluer une politique donnée sous l'angle du comportement afin de découvrir, le cas échéant, quels sont les problèmes comportementaux qui réduisent l'efficacité des choix politiques (OCDE, 2019[24]). Les décideurs politiques peuvent alors recourir aux éclairages comportementaux pour tester et mettre en œuvre de nouvelles solutions politiques plus aptes à produire les résultats escomptés.

Source : (OCDE, 2017[19]) ; (OCDE, 2019[24]).

Références

Australian Office of Best Practice Regulation (2016), *Post-implementation review, Guidance Note*, https://ris.pmc.gov.au/sites/default/files/posts/2016/02/Post-implementation-reviews-guidance-note.pdf. [7]

Australian Productivity Commission (2011), *Identifying and Evaluating Productivity Commission, Regulation Reforms Research Report*, https://www.pc.gov.au/inquiries/completed/regulation-reforms/report/regulation-reforms.pdf (consulté le 2 juillet 2020). [2]

Australian Productivity Commission (2005), *Review of National Competition Policy Reforms: Productivity Commission Inquiry Report No. 33*, https://www.pc.gov.au/inquiries/completed/national-competition-policy/report/ncp.pdf. [3]

Australian Productivity Commission (1999), *Australia's Gambling Industries*, https://www.pc.gov.au/inquiries/completed/gambling (consulté le 1 juillet 2020). [14]

Australian Productivity Commission (s.d.), *Gambling: Inquiry report*, 2010, https://www.pc.gov.au/inquiries/completed/gambling-2010/report (consulté le 1 juillet 2020). [15]

Cour des comptes (France) (2017), *Le logement social face au défi de l'accès des publics modestes et défavorisés*, https://www.ccomptes.fr/fr/publications/le-logement-social-face-au-defi-de-lacces-des-publics-modestes-et-defavorises (consulté le 29 juin 2020). [16]

Cour des comptes de l'Union européenne (2018), *Les réexamens ex post de la législation de l'UE : un système bien rodé, mais incomplet, Rapport spécial nº 16.*, https://www.eca.europa.eu/lists/ecadocuments/sr18_16/sr_better_regulation_fr.pdf (consulté le 29 juin 2020). [22]

Danish Business Forum (sans date), , http://www.enklereregler.dk (consulté en octobre 2018). [12]

HM Treasury UK (2005), *Reducing administrative burdens: effective inspection and enforcement*, http://news.bbc.co.uk/nol/shared/bsp/hi/pdfs/bud05hampton_150305_640.pdf. [18]

Legislation.co.uk (2015), *Small Business, Enterprise and Employment Act 2015*, http://www.legislation.gov.uk/ukpga/2015/26/contents/enacted (consulté le 2 juillet 2020). [5]

Ministère de la Cohésion des territoires et des Relations avec les collectivités territoriales (France) (2017), *Présentation de la Stratégie logement du Gouvernement*, https://www.cohesion-territoires.gouv.fr/dossier-de-presse-presentation-de-la-strategie-logement-du-gouvernement (consulté le 1 juillet 2020). [17]

Ministère de la Simplification et de l'Administration publique (Italie) (2017), *L'agenda per la semplificazione 2015-2017 (Agenda pour la simplification 2015-2017)*, http://www.italiasemplice.gov.it/media/2062/agenda_semplificazione_2015-2017.pdf (consulté le 1 juillet 2020). [13]

OCDE (2019), *Tools and Ethics for Applied Behavioural Insights: The BASIC Toolkit*, Éditions OCDE, Paris, https://dx.doi.org/10.1787/9ea76a8f-en. [24]

OCDE (2018), *Politique de la réglementation : Perspectives de l'OCDE 2018*, Éditions OCDE, Paris, https://dx.doi.org/10.1787/9789264305458-fr. [4]

OCDE (2017), *Behavioural Insights and Public Policy ?: Lessons from Around the World*, Éditions OCDE, Paris, https://dx.doi.org/10.1787/9789264270480-en. [19]

OCDE (2016), *OECD Best Practice Principles: Stakeholder Engagement in Regulatory Policy, Draft for public consultation*, OCDE, http://dx.doi.org/GOV/RPC/MRP(2016)1/ANN. [11]

OCDE (2016), *Perspectives de l'OCDE sur la politique de la réglementation 2015*, Éditions OCDE, Paris, https://dx.doi.org/10.1787/9789264245235-fr. [10]

OCDE (2015), « Ex post evaluation of regulation: An overview of the notion and of international practices », dans *Regulatory Policy in Perspective : A Reader's Companion to the OECD Regulatory Policy Outlook 2015*, Éditions OCDE, Paris, https://dx.doi.org/10.1787/9789264241800-8-en. [1]

OCDE (2011), *Pourquoi la simplification administrative est-elle si compliquée ? : Perspectives au-delà de 2010*, Éliminer la paperasserie, Éditions OCDE, Paris, https://dx.doi.org/10.1787/9789264089778-fr. [23]

OCDE/KDI (2017), *Improving Regulatory Governance: Trends, Practices and the Way Forward*, Éditions OCDE, Paris, https://dx.doi.org/10.1787/9789264280366-en. [6]

PISG Legal Information System (s.d.), *Rules of Procedure of the Government of the Republic of Slovenia*, http://www.pisrs.si/Pis.web/pregledPredpisa?id=POSL32 (consulté le 30 juin 2020). [8]

Regulation Taskforce (2006), *Rethinking Regulation: Report of the Taskforce on Reducing Regulatory Burdens on Business*, https://www.pc.gov.au/research/supporting/regulation-taskforce/report/regulation-taskforce2.pdf. [9]

Trnka, D. et Y. Thuerer (2019), *One-In, X-Out: Regulatory offsetting in selected OECD countries*, Éditions OCDE, Paris, https://dx.doi.org/10.1787/67d71764-en. [20]

UK National Audit Office (2011), *Delivering regulatory reform*, https://www.nao.org.uk/wp-content/uploads/2011/02/1011758es.pdf. [21]

3 Gouvernance des examens individuels

La gouvernance des examens, les ressources ainsi que les approches utilisées, doivent être proportionnelles à la nature et à l'importance des règlements concernés. Les dispositions doivent être non seulement rentables, mais aussi de nature à faciliter la formulation de conclusions et de recommandations suffisamment étayées pour être crédibles aux yeux du public.

Bien qu'il soit important qu'aucun règlement n'échappe à l'examen, les évaluations doivent être proportionnelles et adaptées à l'objectif visé. Cela suppose de tenir compte de plusieurs dimensions, notamment la portée et la profondeur de l'examen, ainsi que les ressources utilisées. La réalisation d'un examen n'est pas un exercice gratuit. Si l'on consacre une somme de temps et d'argent disproportionnée à certains règlements, on risque de manquer de ressources pour réaliser les autres examens nécessaires. Les règlements d'une importance majeure doivent être dotés de ressources suffisantes pour permettre une analyse rigoureuse et de vastes consultations.

Pour de nombreux règlements, les évaluations seront menées de la manière la plus appropriée au sein du département ou du ministère politiquement compétent. Les organismes chargés de l'application de la réglementation ne doivent normalement pas procéder eux-mêmes aux examens, mais ils sont les mieux placés pour offrir des informations et des conseils pertinents et doivent donc être régulièrement consultés.

Les départements et ministères responsables de la réglementation bénéficient d'un certain nombre d'avantages lorsqu'il s'agit de superviser les examens *ex post* d'un règlement. Ils ont notamment une meilleure connaissance du sujet, suivent l'évolution du règlement tout au long de sa durée de vie et ont la capacité de faire appel aux compétences nécessaires et d'entreprendre des examens à un coût relativement faible.

Les organismes chargés de l'application de la réglementation au sein d'un ministère sont généralement une source essentielle d'informations sur les performances d'un régime réglementaire, notamment sur les taux de conformité et les coûts d'administration de ce régime. Il est important de prévoir des dispositions permettant d'exploiter systématiquement ces connaissances. Toutefois, les principes de bonne gouvernance exigent que ces organismes n'aient pas la responsabilité d'examiner leurs propres performances, ni de faire des recommandations sur les règlements qu'ils doivent administrer et appliquer.

Plus un règlement est « sensible » et plus ses impacts économiques ou sociaux sont importants, plus il est nécessaire de mettre en place un processus d'examen indépendant. Cela suppose, au minimum, que les personnes qui dirigent l'examen ne soient pas redevables à l'organisme concerné et ne semblent pas présenter de conflits d'intérêts.

Les organismes responsables de la réglementation, bien qu'ils aient généralement des connaissances spécialisées, peuvent également avoir des motivations diverses lorsqu'il s'agit d'évaluer et de rendre compte des performances d'une réglementation. Ils peuvent notamment redouter les critiques ou les « blâmes », voire les éventuelles perturbations du statu quo. L'ampleur du problème dans la pratique peut dépendre de plusieurs facteurs, notamment de la rotation du personnel aux postes concernés au sein d'un ministère et de la question de savoir si le gouvernement qui a élaboré un règlement est toujours au pouvoir au moment de sa révision.

Le problème tient plus probablement aux risques de controverses publiques ou politiques dans un domaine réglementaire donné, tandis que la nécessité d'agir est également influencée par les impacts du régime réglementaire.

Le degré d'indépendance requis est généralement une question de jugement. Cependant, l'examinateur doit au minimum satisfaire aux conditions suivantes : disposer de connaissances et d'une expérience suffisantes, mais ne pas présenter de conflits d'intérêts – réels ou perçus – ni de motifs d'être influencé de manière indue par différents intérêts, y compris d'ordre politique. Certains pays ont recours à des organes permanents au sein du gouvernement pour effectuer ces examens (environ la moitié des pays membres de l'OCDE ont déclaré disposer de tels organes), et la plupart font appel à des groupes de travail ou des comités d'examen *ad hoc*, spécialement créés pour se charger de cette tâche (Encadré 3.1).

Encadré 3.1. Exemples d'examens indépendants dans les pays de l'OCDE

- En **Australie**, en raison des préoccupations au sein de la population concernant les niveaux de rémunération des cadres supérieurs dans les entreprises publiques, la Commission de la productivité a été chargée de mener une enquête publique et de faire des recommandations sur les interventions réglementaires ou autres. La Commission a constaté qu'en moyenne, l'évolution des rémunérations se justifiait par la croissance des entreprises et l'influence de facteurs internationaux. Toutefois, des cas de rémunérations et d'incitations excessives sans rapport avec les performances ont été observés, ce qui a mis en évidence la nécessité d'améliorer la gouvernance et la réglementation pour mieux définir les responsabilités et renforcer la surveillance. Parmi les recommandations formulées (et acceptées par le gouvernement) figure l'introduction d'une « règle des deux coups » (« *two strikes rule* ») selon laquelle si une entreprise obtient plus de 25 % de « votes négatifs » pour son rapport sur les rémunérations lors de deux assemblées générales annuelles, elle est obligée de soumettre au vote la tenue d'une réunion spéciale pour la réélection du conseil d'administration.

- La Cour des comptes **belge** a récemment révisé les processus de contrôle des caisses d'assurance maladie et a recommandé que toutes les parties s'accordent sur le champ d'application et la mise en œuvre de l'assurance maladie et invalidité obligatoire. Elle a également recommandé qu'une analyse des risques soit effectuée à partir des informations fournies par les mutuelles, et qu'on se serve des informations supplémentaires disponibles pour se pencher davantage sur la sélection des domaines et des indicateurs et sur la définition des critères d'évaluation des échelles.

- L'Office **islandais** du tourisme, une autorité indépendante relevant du ministère de l'Industrie et de l'Innovation, a réalisé un bilan public du cadre réglementaire du tourisme en 2014. Après de multiples consultations des organismes publics, des autorités locales et des organisations du secteur, le rapport a recommandé de simplifier le système de licence. Il a été prévu de créer des guichets uniques permettant de déclarer aux autorités les locations privées à court terme sans avoir à conclure des accords de licence.

- En **Irlande**, la Commission de réforme du droit a mis en place un processus d'identification et de sélection des lois à réviser en fonction de leur impact sur la société. Depuis sa création en 1975, elle a mené des examens détaillés dans de nombreux domaines, notamment le mariage, le droit administratif et pénal, et les contrats d'assurance. Elle entreprend actuellement son quatrième programme de réforme du droit.

- La Commission **néo-zélandaise** de la productivité a été chargée de mener une enquête publique indépendante sur ses « institutions et pratiques réglementaires ». L'enquête a révélé que les contrôles de qualité étaient « sous pression », qu'une grande partie de la réglementation était souvent dépassée ou inadaptée, qu'il y avait des déficits de compétences parmi les régulateurs et que leurs performances n'étaient pas correctement suivies. Elle a recommandé un renforcement de la surveillance et des consignes de la part des instances gouvernementales, notamment en matière de contrôle, de coordination et de définition des priorités. Elle a également recommandé d'augmenter et de préciser les responsabilités des ministères et des agences centrales pour garantir l'efficacité des systèmes réglementaires et des résultats.

Source : (OCDE, 2017[1]) ; (Australian Productivity Commission, 2009[2]) ; (Cour des comptes de Belgique, 2018[3]) ; (Icelandic Tourist Board, 2014[4]) ; (Law Reform Commission (Irlande), s.d.[5]) ; (New Zealand Productivity Commission, 2014[6]).

La transparence est primordiale dans les examens approfondis. Les examens doivent être annoncés publiquement et permettre aux parties prenantes et au grand public d'y participer, et les conclusions et recommandations ainsi que la réponse du gouvernement doivent être rendues publiques.

S'il s'agit d'examens majeurs dans des domaines réglementaires ayant de forts impacts et/ou soulevant un grand intérêt communautaire, il est important de préparer des projets de rapports et de les soumettre au débat public pour commentaires, y compris sur les conclusions et recommandations préliminaires (Banks, 2014[7]).

Les rapports d'examen finaux doivent être rendus publics, mais pas nécessairement avant la prise de décision. Toutefois, la décision du gouvernement en réponse aux recommandations d'un rapport final (qu'il s'agisse d'une acceptation ou d'un rejet) doit être prise et publiée dans un délai raisonnable, fixé à l'avance (idéalement 2 à 3 mois).

Les pouvoirs publics ne sont évidemment pas obligés d'accepter les recommandations formulées dans le cadre d'un examen, mais en cas de rejet, ils doivent en expliquer les raisons au public. Le fait de ne pas suffisamment informer les parties prenantes des résultats des examens risque de les dissuader de participer au processus (c'est-à-dire de consacrer du temps et des ressources à l'élaboration de propositions, de fournir les données demandées, etc.) et peut éroder la confiance du public envers les efforts du gouvernement en matière de réglementation en général.

Références

Australian Productivity Commission (2009), *Executive Remuneration in Australia, Productivity Commission Inquiry Report, n° 49*, https://www.pc.gov.au/inquiries/completed/executive-remuneration/report/executive-remuneration-report.pdf. [2]

Banks, G. (2014), *Making public policy in the public interest: the role of public inquiries in Royal Commissions and Public Inquiries: Practice and Potential*, Prasser, S. et H. Tracey, Connor Court, Sydney, https://static1.squarespace.com/static/563997f0e4b0d7adb678285e/t/58b76ad5a5790a24a5335014/1488415452353/Making+Public+Policy+in+the+Public+Interest.pdf (consulté le 1 juillet 2020). [7]

Cour des comptes de Belgique (2018), *Contrôle des mutualités*, https://www.ccrek.be/FR/Publications/Fiche.html?id=4ebd199f-a9ed-43f2-b132-a4c659f0e022 (consulté le 29 juin 2020). [3]

Icelandic Tourist Board (2014), *Einföldun starfsumhverfis og regluverks í ferðaþjónustu á Íslandi Tillögur stýrihóps Ferðamálastofu til iðnaðar- og viðskiptaráðherra (Impact of staff requirements and regulatory services in Iceland: Proposals by the Icelandic Tourist Board to the Minister of Industry and Commerce)*, https://www.stjornarradid.is/media/atvinnuvegaraduneyti-media/media/Acrobat/FMS---Einfoldun-starfsumhverfis-og-regluverks-i-ferdathjonustu---Mai-2014.pdf. [4]

Law Reform Commission (Irlande) (s.d.), *Programmes of Law Reform*, https://www.lawreform.ie/law-reform/our-programmes-of-law-reform.127.html (consulté le 30 octobre 2018). [5]

New Zealand Productivity Commission (2014), *Regulatory institutions and practices*, https://www.productivity.govt.nz/inquiries/regulatory-institutions-and-practices/ (consulté le 1 juillet 2020). [6]

OCDE (2017), *Behavioural Insights and Public Policy: Lessons from Around the World*, Éditions OCDE, Paris, https://dx.doi.org/10.1787/9789264270480-en. [1]

4 Questions clés à examiner

Les examens qui vont au-delà des simples questions de procédure ou de conformité pour analyser les performances de la réglementation portent généralement sur quatre questions clés.

Pertinence : les examens doivent commencer par déterminer s'il existe toujours une raison valable justifiant la réglementation.

Lors de l'évaluation des performances d'un règlement ou d'un régime réglementaire, il faut avant tout déterminer si les arguments politiques qui ont justifié son adoption sont toujours valables compte tenu des changements qui ont pu intervenir par la suite dans les cadres politiques, l'économie ou la société. Lorsque les raisons initiales ne sont pas claires, ce qui n'est pas rare, l'examinateur doit déterminer ce qu'elles *auraient dû* être, ou du moins ce qu'elles devraient être à l'avenir.

L'une des raisons souvent invoquée pour justifier une réglementation a trait à la « défaillance du marché », les caractéristiques inhérentes à certains marchés, telles que l'asymétrie de l'information ou les externalités, conduisant à des résultats économiques inefficaces qui pourraient être améliorés par l'intervention du gouvernement. Autres raisons politiques légitimes, l'obtention de résultats plus équitables (pour les citoyens ou les régions) que ceux obtenus par les marchés, ou le développement de nouvelles perspectives pour les citoyens grâce à un meilleur accès aux services de base tels que l'éducation et la santé.

Efficacité : les examens doivent déterminer si le règlement (ou la série de règlements) atteint réellement les objectifs pour lesquels il a été introduit.

Un règlement n'a pas de valeur en soi. Il est censé (ou doit) répondre au souhait de résoudre une question ou un problème politique afin d'améliorer les choses. Il est donc fondamental, lors de l'examen des performances de la réglementation existante, d'évaluer les résultats obtenus dans le domaine politique concerné en les comparant à ce qui se serait produit en l'absence d'une telle réglementation. Ce n'est certes pas un exercice facile car les résultats observés sont souvent soumis à de multiples influences au fil du temps, mais si on renonce à cet objectif, il sera plus difficile de recenser les améliorations et de renforcer la confiance du public dans la réglementation elle-même.

Efficacité : les examens doivent déterminer si la réglementation entraîne des coûts inutiles (au-delà de ceux nécessaires pour atteindre l'objectif politique) ou si elle a d'autres effets indésirables.

L'analyse globale des avantages de la réglementation pour la société tient compte non seulement de son efficacité à traiter une question de politique publique, mais aussi des coûts et autres impacts associés à cette tâche (OCDE, 2012[1]). L'amélioration des résultats dans un domaine particulier, par exemple la réduction des encombrements dans les villes, n'est pas nécessairement souhaitable si ce progrès se traduit par de moins bons résultats ailleurs. Une bonne réglementation doit atteindre son objectif à un coût minimal et sans entraîner d'effets secondaires indésirables.

Autres solutions : les examens doivent déterminer s'il est nécessaire de modifier ou de remplacer la réglementation par d'autres instruments politiques.

Pour être valable, un examen *ex post* doit soit permettre de conclure qu'un règlement fonctionne bien et n'a pas besoin d'être modifié, soit recenser les changements qui permettraient d'améliorer ses performances. Par conséquent, il faut que les examens aboutissent à des recommandations sur les changements jugés bénéfiques. Il convient également d'examiner comment mettre en œuvre les recommandations de la façon la plus efficace.

Référence

OCDE (2012), *Recommandation du Conseil concernant la politique et la gouvernance réglementaires*, Éditions OCDE, Paris, https://www.oecd.org/governance/regulatory-policy/49990817.pdf. [1]

5 Méthodologies

Afin de répondre à ces questions fondamentales, les examens doivent fournir quelques éclairages sur d'autres questions. Par exemple : Les règlements ont-ils été bien administrés ? Ont-ils entraîné des changements de comportement ? Comment leurs effets se sont-ils répartis dans la communauté ?

Contrairement aux examens *ex ante*, les examens *ex post* disposent d'informations sur les impacts *réels* de la réglementation à l'étude. Il est généralement difficile de répondre à ces questions et la quantité d'efforts fournie doit dépendre de l'importance des règlements concernés. L'adoption d'une approche systématique présentant les caractéristiques suivantes peut s'avérer utile.

Les évaluations de la réglementation doivent adopter une approche « coûts-avantages » consistant d'abord à recenser et documenter les impacts pertinents, puis à évaluer leur ampleur relative.

La plupart des règlements auront des impacts variés et plus ou moins importants. Ces impacts peuvent être d'ordre économique, social ou environnemental. Ils peuvent également varier au sein de la communauté et entre les régions d'un même pays. Il convient de les recenser de manière systématique en vue de s'attaquer à une tâche plus difficile : l'évaluation des effets nets (voir Encadré 5.1). L'énumération des différents impacts fournit souvent des indications utiles.

Dans la mesure du possible, il faut tenir compte des effets directs et indirects. Les impacts sur les parties non visées par le règlement, ou « en aval » des personnes visées, peuvent parfois l'emporter sur les impacts directs. Par exemple, un règlement qui oblige les producteurs à atteindre certains objectifs environnementaux souhaitables peut entraîner des coûts importants qui seront répercutés sur d'autres producteurs, ce qui peut contrarier les objectifs de développement économique d'un gouvernement. De même, les règles qui ont un impact sur les prix ou la concurrence sur le marché peuvent affecter l'innovation et la productivité.

Encadré 5.1. Analyse coûts-avantages de la réglementation

Comme son nom l'indique, l'analyse coûts-avantages (ACA) est une méthode d'évaluation de la valeur d'une initiative réglementaire (ou relative aux dépenses) fondée sur une évaluation systématique de ses coûts et de ses avantages. Cette méthode trouve son origine dans le processus décisionnel mis en place aux États-Unis dans les années 1950 dans le domaine des dépenses de défense, mais elle a connu depuis lors un développement et une expansion considérables, constituant notamment un élément clé des examens *ex ante* et *ex post* de la réglementation dans de nombreux pays.

En principe, l'ACA implique de quantifier en termes monétaires la valeur actuelle de tous les coûts et avantages d'une proposition, de manière à pouvoir tirer une conclusion précise quant à sa valeur nette pour la société. Ainsi, une initiative réglementaire dont les avantages estimés sont inférieurs aux coûts n'est normalement pas mise en œuvre.

Toutefois, dans certains domaines, notamment le domaine social ou environnemental, il est impossible de tout évaluer avec certitude. Cela signifie que dans la pratique, l'ACA est souvent loin d'être idéale. Néanmoins, le cadre d'analyse qu'offre l'ACA reste un outil précieux pour évaluer la réglementation. Le recensement systématique des coûts et des avantages, qui constitue la première étape de l'ACA, peut constituer en soi un exercice utile et un antidote à la tendance à se concentrer sur les avantages d'un règlement. Et dans la mesure où l'aspect coûts peut être plus facilement quantifié en termes monétaires que l'aspect avantages, on peut se faire une idée de l'ampleur des avantages qu'il faudrait obtenir pour justifier la poursuite de la procédure.

Les étapes d'une ACA sont similaires à celles d'une évaluation d'impact d'un règlement. Les grandes étapes sont les suivantes :

- Identifier les options à comparer. Idéalement, il doit y en avoir plusieurs, car une ACA peut être positive dans un cas, mais plus importante dans un autre.

- Recenser les coûts et les avantages marginaux par rapport au « statu quo ».

- Si possible, les monétiser en les convertissant en une valeur commune actualisée, et ce pendant toute la durée de vie de la proposition.

- Entreprendre une « analyse de sensibilité » pour voir comment les changements individuels dans les hypothèses ou les estimations affectent les résultats.

Les principales questions qui se posent en cours de route portent sur les méthodes d'évaluation et le choix du taux d'actualisation. Un certain nombre de gouvernements fournissent des orientations ou des « règles » en la matière, et les organismes peuvent faire appel à des spécialistes de l'ACA et de l'évaluation, issus d'organismes de conseil ou de l'université. L'expérience montre que même si la quantification est difficile, il reste beaucoup de choses à faire, notamment par le biais de la collecte de données et d'enquêtes spéciales, lorsque l'enjeu est suffisamment important pour justifier le temps et les efforts nécessaires. Parmi les exemples de méthodologies figurent l'évaluation des « préférences révélées » et des « préférences déclarées » et l'évaluation des « sources secondaires », ainsi que les techniques de « triangulation ». À titre d'exemple, les rapports de la Commission australienne de la productivité sur la réglementation des jeux de hasard présentent des méthodes de quantification innovantes (Australian Productivity Commission, 1999[1]) ; (Australian Productivity Commission, s.d.[2]).

Source : (Australian Office of Best Practice Regulation, 2020[3]).

Il convient de procéder à une quantification, si cela s'avère possible et rentable, car cela permet d'effectuer une évaluation plus rigoureuse des impacts et des résultats potentiels.

Les évaluations s'appuient généralement sur des méthodes d'analyse à la fois qualitative et quantitative. Dans de nombreux cas, les aspects qualitatifs sont particulièrement importants (par exemple, l'agrément environnemental, la perception de la sécurité, etc.) Toutefois, plus la quantification des impacts est poussée, plus il est généralement facile de procéder à une évaluation globale en présence d'éléments subjectifs.

Une estimation des coûts en termes monétaires est souvent utile pour juger si les avantages qui ne peuvent pas être exprimés de cette manière « en valent la peine ». Par exemple, la valeur d'agrément associée à la conservation des caractéristiques patrimoniales de l'environnement bâti dans une zone de développement industriel potentiel l'emporterait-elle sur les gains de revenus estimés résultant d'un changement d'utilisation ? La préservation de la faune indigène compenserait-elle les coûts estimés d'une restriction du développement agricole ? Le fait d'être capable de se poser de telles questions peut éclairer les jugements de valeur nécessaires au niveau politique.

Des méthodes quantitatives plus raffinées comme les analyses multivariées ou de régression offrent aussi des techniques rigoureuses pour déterminer la *causalité*, c'est-à-dire pour distinguer les impacts dus à une intervention réglementaire de ceux attribuables à d'autres changements ou facteurs d'influence ; voir ; (OCDE, 2012[4]).

Il est préférable d'examiner les exigences en matière de données au moment de l'élaboration d'un règlement, dans le cadre d'une réflexion plus large visant à déterminer le type d'examen *ex post* le plus approprié.

Parfois, les examens ne permettent pas de formuler de conclusions et recommandations crédibles par manque d'« observations factuelles » adéquates. Les collectes de données standard au sein du gouvernement ne présentent pas toujours la précision ou la spécificité requise pour permettre une évaluation pertinente de tous les impacts d'une réglementation. Dans ce cas, il peut s'avérer utile de collecter les données nécessaires à l'évaluation des performances dans le cadre du régime réglementaire lui-même. Cela peut se faire au titre des obligations de rapport en matière de conformité et/ou au moyen d'instruments d'enquête. Dans ce dernier cas, les précautions habituelles pour éviter les réponses biaisées s'appliquent.

Les entités soumises à la réglementation sont généralement une source utile d'informations qualitatives, mais elles doivent être encouragées à fournir également des données quantitatives. Les sources de données administratives sont de plus en plus utilisées pour quantifier les impacts ; voir (Crato et Paruolo, 2019[5]).

La disponibilité croissante des données ouvertes, des données massives et de nouvelles techniques d'analyse ouvre des perspectives considérables en matière de renforcement des évaluations et de promotion de l'innovation dans les modalités de réalisation de ces évaluations. Elle permet de mettre au jour des tendances et d'étudier des mesures qui n'auraient pas été envisageables à l'aide des méthodes statistiques traditionnelles. Il s'agit d'un domaine relativement nouveau et qui présente des perspectives intéressantes en termes d'apprentissage entre les juridictions.

Dans l'idéal, il convient de comparer les impacts observés d'un règlement aux impacts d'un scénario « contrefactuel », qui décrit la façon dont les choses auraient tourné autrement.

Lorsque on effectue un examen de la réglementation, on ne cherche pas seulement à savoir si un régime réglementaire donné a, dans l'ensemble, atteint son objectif ou apporté certains avantages, mais aussi si on pourrait obtenir de meilleurs résultats à l'avenir en adoptant des modifications ou en utilisant d'autres instruments politiques, voire en renonçant à toute intervention gouvernementale. En ce sens, un examen *ex post* doit également comporter une analyse *ex ante*. La différence, c'est que des données réelles sur les impacts observés jusqu'à aujourd'hui doivent être disponibles. On dispose ainsi de références qui facilitent l'analyse des modifications qu'auraient entraînées certaines variations dans le passé.

Comme indiqué précédemment, l'une des techniques utiles pour analyser un scénario « contrefactuel » consiste à comparer, pour un problème politique donné, les dispositions réglementaires nationales à celles d'autres juridictions en utilisant différentes approches. Comme nous l'avons également souligné, les juridictions qui permettront de réaliser les comparaisons les plus pertinentes sont celles ayant des objectifs politiques et des structures institutionnelles globalement similaires aux objectifs et structures nationaux. Il s'agit donc d'une technique bien adaptée aux systèmes de gouvernement fédéral ou à l'échelon local (Encadré 5.2).

Encadré 5.2. Exemples d'examens comparatifs dans les pays de l'OCDE

- En Australie, le Conseil des gouvernements australiens a convenu en 2006 d'adopter un cadre commun d'évaluation comparative, de mesure et de notification des charges réglementaires pesant sur les entreprises. Suite à une étude initiale de faisabilité, il a été demandé à la Commission de la productivité d'entreprendre des études comparatives dans plusieurs domaines : (Australian Productivity Commission, 2010[6]) ; (Australian Productivity Commission, 2011[7]) ; (Australian Productivity Commission, 2012[8]) ; (Australian Productivity Commission, 2012[9]) ; (Australian Productivity Commission, 2013[10]). Ces examens ont tous révélé des disparités importantes dans les performances entre les juridictions et ont abouti à une série de recommandations visant à faire appliquer dans chaque juridiction la pratique jugée la meilleure.

- En 2017, l'Inspection générale de l'administration en France a entrepris un examen des résultats de deux lois récentes modernisant l'administration publique territoriale. Elle a constaté que les acteurs locaux n'avaient pas encore tout à fait intégré les outils d'action publique prévus par la législation, en partie à cause d'une procédure trop lourde, mais aussi parce que les administrations territoriales avaient l'impression d'être sous tutelle et que ce modèle faisait obstacle au bon transfert des compétences entre l'État et les acteurs locaux ou entre les acteurs locaux eux-mêmes. Néanmoins, les réformes ont introduit une nouvelle forme de coopération territoriale qui met de plus en plus l'accent sur les questions de stratégie structurelle et de compétences plutôt que sur des projets contractuels particuliers, ce qui devrait améliorer l'efficacité administrative. Le rapport présente une série de recommandations, visant notamment à améliorer l'environnement de coopération afin de faciliter les synergies entre les départements et la métropole en matière de politiques sociales, et pour mieux tenir compte des besoins des usagers des services publics locaux dans le processus de réorganisation des compétences.

- Au Mexique, la Commission nationale pour l'amélioration de la réglementation (CONAMER) a entrepris d'examiner les processus de simplification réglementaire introduits pour les nouvelles entreprises à faibles risques dans des municipalités représentant cinq États. Elle a constaté que le programme de simplification réglementaire avait non seulement entraîné une réduction substantielle des délais d'exécution, mais que le nombre d'entrepreneurs dans ces municipalités avait augmenté de manière significative.

Source : (OCDE, 2017[11]); (Australian Productivity Commission, 2010[6]); (Australian Productivity Commission, 2011[7]); (Australian Productivity Commission, 2012[8]); (Australian Productivity Commission, 2012[9]); (Australian Productivity Commission, 2013[10]); ; (National Commission for Regulatory Improvement (CONAMER), 2019[12]).

Références

Australian Office of Best Practice Regulation (2020), *Cost-benefit analysis guidance note*, https://www.pmc.gov.au/sites/default/files/publications/cost-benefit-analysis_0.pdf (consulté le 2 juillet 2020). [3]

Australian Productivity Commission (2013), *Regulator Engagement with Small Business, Research Report, Canberra*, https://www.pc.gov.au/inquiries/completed/small-business/report/small-business.pdf. [10]

Australian Productivity Commission (2012), *Performance Benchmarking of Australian Business Regulation: The Role of Local Government as Regulator, Research Report, Canberra*, https://www.pc.gov.au/inquiries/completed/regulation-benchmarking-local-government/report. [8]

Australian Productivity Commission (2012), *Regulatory Impact Analysis: Benchmarking, Research Report, Canberra*, https://www.pc.gov.au/inquiries/completed/regulatory-impact-analysis-benchmarking/report/ria-benchmarking.pdf. [9]

Australian Productivity Commission (2011), *Performance Benchmarking of Australian Business Regulation: Planning, Zoning and Development Assessment, Research Report, Canberra*, https://www.pc.gov.au/inquiries/completed/regulation-benchmarking-planning/report. [7]

Australian Productivity Commission (2010), *Performance Benchmarking of Australian Business Regulation: Occupational Health & Safety, Research Report, Canberra*, https://www.pc.gov.au/inquiries/completed/regulation-benchmarking-ohs/report/ohs-report.pdf. [6]

Australian Productivity Commission (1999), *Australia's Gambling Industries*, https://www.pc.gov.au/inquiries/completed/gambling (consulté le 1 juillet 2020). [1]

Australian Productivity Commission (s.d.), *Gambling: Inquiry report*, 2010, https://www.pc.gov.au/inquiries/completed/gambling-2010/report (consulté le 1 juillet 2020). [2]

Crato, N. et P. Paruolo (dir. pub.) (2019), *Data-Driven Policy Impact Evaluation*, Springer International Publishing, Cham, http://dx.doi.org/10.1007/978-3-319-78_461-8. [5]

National Commission for Regulatory Improvement (CONAMER) (2019), *Sistema de Apertura Rápida de Empresas (SARE)*, https://www.gob.mx/conamer/documentos/sistema-de-apertura-rapida-de-empresas-sare (consulté le 2 juillet 2020). [12]

OCDE (2017), *Behavioural Insights and Public Policy: Lessons from Around the World*, Éditions OCDE, Paris, https://dx.doi.org/10.1787/9789264270480-en. [11]

OCDE (2012), *Politique réglementaire et gouvernance : Soutenir la croissance économique et servir l'intérêt général*, Éditions OCDE, Paris, https://dx.doi.org/10.1787/9789264168220-fr. [4]

6 Consultation publique

Dans certains cas, peu d'informations ont été publiées sur le fonctionnement et les impacts d'un règlement, de sorte que les examinateurs doivent se fier entièrement aux renseignements apportés par les parties prenantes. Néanmoins, les processus de consultation peuvent apporter d'autres avantages et devraient être organisés de manière systématique.

Tous les examens devraient comporter des consultations avec les parties concernées et, dans la mesure du possible, être accessibles à la société civile.

Étant donné que la fonction d'un examen *ex post* est d'évaluer les performances d'un règlement dans la pratique, il est important de consulter en premier lieu les personnes directement concernées. Par ailleurs, la participation de la société civile en général aide à atténuer les préoccupations que soulèvent les coûts de la réglementation grâce à une meilleure appréciation de ses avantages pour l'ensemble de la société.

Lors d'un examen, la participation du public est utile à plusieurs égards.

- Tout d'abord, c'est de toute évidence un moyen d'obtenir des *informations plus complètes* sur les impacts et les mesures mises en œuvre, et l'occasion de tester les analyses et les résultats préliminaires.

- Deuxièmement, la participation des parties prenantes permet de mieux cibler les examens en repérant les règlements ou les domaines réglementaires pouvant poser problème, c'est-à-dire ceux que les personnes soumises à la réglementation jugent les plus fastidieux ou agaçants (les exigences bureaucratiques, par exemple). De même, les mécanismes qui permettent de consulter les parties prenantes de façon plus continue (par exemple, le Forum des entreprises danoises) permettent d'identifier les questions problématiques en temps utile.

- Troisièmement, en donnant au public la possibilité d'exprimer son point de vue et de contribuer aux débats, on peut renforcer sa confiance dans le processus d'examen et même l'amener à s'« approprier » les résultats, ce qui facilitera la mise en œuvre des éventuels changements politiques. C'est un avantage non négligeable dans les domaines réglementaires sensibles ou litigieux.

La nature et l'ampleur des consultations doivent être proportionnelles à l'importance des règlements et au degré d'intérêt ou de sensibilité du public concerné.

Les consultations, si elles sont bien menées, prennent beaucoup de temps et de ressources. Compte tenu des contraintes budgétaires, il faut tenter d'obtenir les informations nécessaires au moindre coût (pour un résumé des pratiques actuelles, voir Encadré 6.1).

Cette exigence affecte à la fois la portée et la profondeur des consultations. Dans les domaines réglementaires très techniques ou très complexes (par exemple, la réglementation sur le commerce extérieur) ou qui ont un impact limité (par exemple, liés à une région particulière), la consultation peut être plus sélective que dans les régimes réglementaires d'intérêt général ayant un impact plus large.

Dans les domaines réglementaires plus litigieux comme la protection sociale, la migration ou la fiscalité, des procédures formelles et une transparence maximale peuvent s'avérer nécessaires si l'on veut répondre aux attentes des parties prenantes et obtenir les avantages politiques soulignés.

Encadré 6.1. Pratiques de consultation dans les pays de l'OCDE

La plupart des pays de l'OCDE ont amélioré leurs pratiques de consultation sur la réglementation dans les dernières années. Plus de 80 % des pays membres sont désormais tenus de procéder à des consultations publiques sur toutes les propositions de réglementation. Environ 60 % des pays publient des listes préalables des règlements à préparer, modifier, réformer ou abroger. Cela permet d'informer les parties intéressées des consultations à venir, ce qui favorise le dialogue entre les parties prenantes et les décideurs politiques. Les pays membres de l'OCDE publient régulièrement les informations reçues dans le cadre des consultations, et les points de vue sont souvent résumés dans des rapports sur les impacts de la règlementation.

Près des deux tiers des pays membres ont maintenant mis en place des périodes de consultation minimales afin de faciliter la participation des parties concernées. De même, l'essor des moyens de communication électroniques permet aux parties prenantes de contribuer plus facilement aux prises de décisions.

Cela dit, comme le montre le tableau ci-dessous, la consultation est généralement plus étendue dans les étapes postérieures de l'élaboration d'une réglementation que dans les étapes antérieures.

Graphique 6.1. Consultation entreprise aux étapes antérieures et postérieures de l'élaboration des politiques

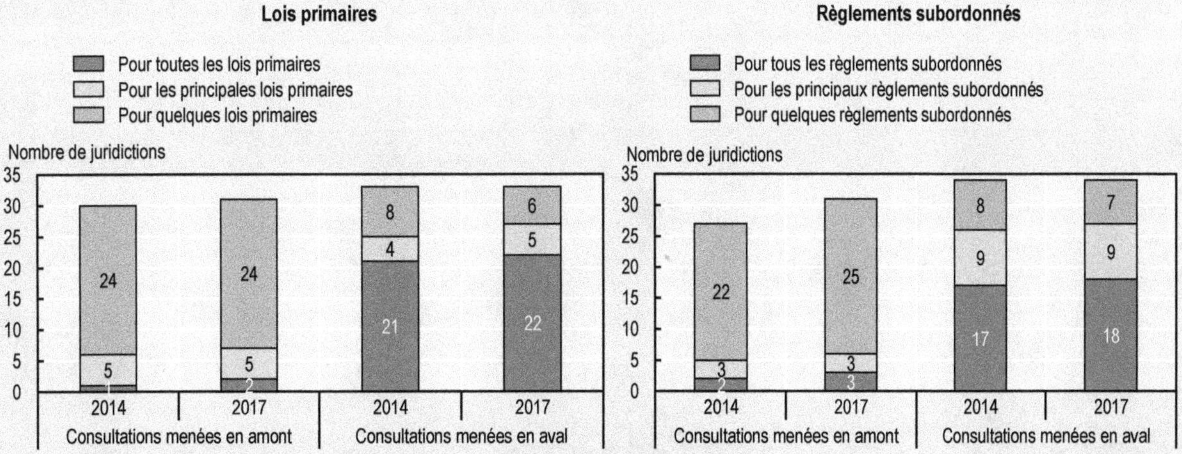

Note : Les données proviennent de 34 pays membres de l'OCDE et de l'Union européenne.
Source : (OCDE, 2018[1]) , Graphique 2.9, https://dx.doi.org/10.1787/9789264303072-en.

Référence

OCDE (2018), *Politique de la réglementation : Perspectives de l'OCDE 2018*, Éditions OCDE, Paris, https://dx.doi.org/10.1787/9789264305458-fr. [1]

7 Établissement des priorités et ordonnancement

Outre les mécanismes d'examen « programmé » et « managérial », dont le calendrier sera en grande partie prédéterminé, il est utile de procéder ponctuellement à d'autres examens. En effet, les réformes doivent certaines de leurs plus grandes avancées à ces initiatives *ad hoc* (OCDE, 2012[11]). Cela dit, compte tenu du manque de ressources financières et de personnes possédant les compétences nécessaires – sans parler de la nécessité d'éviter la « lassitude » que génèrent les examens – il est important de choisir et d'ordonnancer ces examens avec soin afin d'en tirer le meilleur parti au fil du temps.

En matière d'examen, il convient d'accorder la priorité aux règlements qui ont a) un champ d'application étendu dans l'économie ou la communauté et b) des impacts pouvant être importants sur les citoyens ou les organisations (notions de « portée » et de « profondeur »), et pour lesquels on peut c) constater à première vue l'existence d'un « problème ».

Ces trois critères doivent être satisfaits conjointement. L'examen d'un règlement qui a un vaste champ d'application mais un impact très faible ne vaut pas forcément la peine ou, du moins, son degré de priorité sera inférieur à celui d'un règlement qui a à la fois une grande portée et un impact profond. Cependant, le troisième critère est tout aussi important, car le bénéfice attendu d'un examen dans un domaine important de la réglementation mais dont les processus fonctionnent bien peut très bien être inférieur à celui d'un examen portant sur un domaine moins important mais plus problématique. En outre, l'absence de problème perçu rendrait probablement difficile l'adhésion des parties prenantes ou du public.

Les preuves de défaillances de la réglementation (coûts excessifs, distorsion des incitations, effets non intentionnels sur des tiers) peuvent être obtenues de manière proactive au moyen d'enquêtes ou d'autres mécanismes de consultation (un « bilan » par exemple) ainsi qu'en réponse aux plaintes qui peuvent être déposées par les personnes concernées. (Par exemple, le problème de la bureaucratie au Royaume-Uni, les réformes du système de pétition en Corée, etc.) Toutefois, il est souhaitable de procéder à des essais préliminaires ou à un contrôle minutieux de ce retour d'informations afin d'en évaluer la validité et de s'assurer que les coûts d'un tel examen sont justifiés.

Il est important de s'intéresser à l'ordonnancement pour tirer le meilleur parti d'une réforme.

Étant donné le manque de précision habituel dans les résultats des exercices de hiérarchisation des priorités, il arrive souvent que plusieurs domaines de réglementation présentent des revendications d'importance comparable. Il n'est généralement pas possible de les examiner toutes en même temps et d'autres critères doivent donc entrer en jeu.

L'un d'entre eux a trait aux liens qui peuvent exister entre les domaines de réglementation concernés et qui peuvent fournir une bonne raison de s'intéresser d'abord à tel domaine plutôt qu'à d'autres. Par exemple, un règlement peut avoir des effets en aval qui touchent à d'autres domaines de réglementation.

Normalement, dans de tels cas, il est préférable d'examiner d'abord les dispositions « en amont ». La question de savoir s'il faut réglementer les producteurs ou les consommateurs d'énergie est un exemple d'actualité. Les règlements visant à réduire les émissions de carbone peuvent s'adresser aux premiers ou aux seconds, ou encore aux deux, ce qui est généralement le cas. Toutefois, le fait d'imposer des exigences à la production peut permettre d'éviter d'avoir à réglementer séparément la consommation.

Deuxièmement, il y a des avantages à ordonnancer les examens en tenant compte de la difficulté relative de la mise en œuvre des réformes recensées. Cette difficulté dépend de la complexité, des perturbations pendant la transition ou (plus communément) de l'opposition politique. Les résultats attendus des différents examens dépendent bien évidemment des perspectives concernant l'obtention du soutien politique nécessaire, même si les réformes présentent dans tous les cas les mêmes possibilités de gains substantiels.

Il est donc logique, d'un point de vue pragmatique, de privilégier les domaines confrontés à une opposition politique moindre ou présentant moins de difficultés sur le plan de la mise en œuvre. Cela dit, le choix des examens ne doit pas se fonder uniquement sur ce critère, car on risquerait de négliger des domaines présentant des avantages potentiels extrêmement importants. L'opposition à une réforme est parfois surestimée et, en tout état de cause, le processus d'examen lui-même permet souvent de l'atténuer dans la mesure où il démontre de manière convaincante les avantages de cette réforme (OCDE, 2011[2]). Prenons l'exemple de l'examen effectué par la Commission de l'industrie en Australie, en 1997, qui portait sur la réglementation de l'assurance maladie privée. La Commission a constaté que si le principe de « tarification commune » – qui garantit l'absence de discrimination sur les tarifs ou l'accès fondée sur des facteurs de risque – bénéficiait d'un soutien important, il conduisait, tel qu'il était formulé, à une « sélection adverse » et à des inégalités. Il fallait donc le modifier et prévoir, pour ceux qui reportent leur adhésion, un « supplément » sur le tarif d'assurance, qui augmente en fonction de l'âge au moment de l'adhésion. Alors que le gouvernement avait précédemment exprimé son soutien au statu quo, il a fini par modifier le cadre réglementaire, comme proposé suite à l'examen.

Il peut s'avérer plus avantageux d'examiner les règlements de façon groupée plutôt qu'individuellement lorsqu'ils présentent des interactions ou permettent ensemble d'atteindre des objectifs politiques connexes.

L'objet des examens *ex post* est de déterminer si les modifications apportées à un règlement permettraient d'obtenir de meilleurs résultats. Lorsque plusieurs règlements sont concernés et que les résultats globaux sont déterminés conjointement, il est généralement nécessaire d'examiner le régime réglementaire dans son ensemble (Encadré 7.1). Sinon, les modifications apportées à certaines parties d'un système réglementaire peuvent interagir avec d'autres parties, au détriment des résultats escomptés. De même, si un régime politique mélange la réglementation avec d'autres instruments politiques (comme les transferts financiers), un examen politique plus étendu peut s'avérer nécessaire.

Encadré 7.1. Exemples d'examens « groupés » dans les pays de l'OCDE

- Le Parlement **canadien** a récemment revu ses politiques régissant la longueur des navires commerciaux et l'octroi de licences. La réglementation des activités de pêche relève des compétences fédérales et provinciales. Il a constaté que le cadre réglementaire était complexe. En effet, les règles diffèrent selon la région de pêche et les responsabilités réglementaires sont réparties sur un vaste réseau entre le ministère de la Pêche et le ministère des Transports. Plusieurs recommandations ont été formulées pour éliminer les incohérences entre les politiques de réglementation des navires dans tout le Canada atlantique, ainsi que pour améliorer la consultation des parties concernées.

- L'**Estonie** a procédé à un examen de sa compétitivité dans l'ensemble de son économie en 2015. Sous la supervision du ministère de la Justice, un groupe de pilotage comprenant des ministères, des entreprises et des associations a présenté 64 recommandations au gouvernement afin d'accroître la compétitivité de l'environnement d'affaires en Estonie. Ces recommandations portaient surtout sur les conditions de travail, les questions fiscales du moment, la réduction des charges administratives et la création d'un cadre juridique favorable aux entrepreneurs. Elles ont été intégrées dans le programme national de réformes estonien de 2020.

- En **Nouvelle-Zélande**, la Commission de la productivité a examiné la réglementation des autorités locales afin d'analyser leurs performances réglementaires globales, notamment au niveau des processus et des rôles. Dans son approche, elle a considéré qu'il existait des interconnexions entre des éléments clés du système réglementaire. Elle a recensé une trentaine de textes législatifs primaires conférant des responsabilités réglementaires aux autorités locales dans un environnement en évolution rapide. Elle a constaté que les entreprises considéraient la réglementation locale comme une charge financière importante, les incohérences dans le traitement accordé aux différents domaines d'action locale étant un problème majeur. Des recommandations ont été formulées dans plusieurs domaines, soulignant la nécessité de préciser les rôles, de renforcer le pouvoir des institutions participant à l'élaboration et à l'application de la réglementation et d'améliorer les processus de compte rendu des performances et d'assurance qualité.

- Le Secrétariat d'État **suisse** à l'Économie a mené une série d'examens portant sur l'impact futur de la numérisation sur l'économie suisse. Les rapports se sont concentrés sur les thèmes suivants : le marché du travail, la recherche et le développement, l'économie partagée, la finance numérique et la politique de la concurrence. L'un des rapports sur le marché du travail montre que la Suisse est relativement bien placée pour faire face aux risques des déplacements d'emplois dû à la numérisation, bien qu'il soit trop tôt pour faire une évaluation concluante. Le rapport souligne également les nouvelles perspectives d'emploi qui pourraient résulter de la numérisation et recommande la mise en place de mesures pour améliorer la collecte de données sur les nouvelles formes de travail, et d'un examen pour étudier la flexibilité du droit des assurances sociales.

Source : (OCDE, 2017[3]) ; (Chambre des communes (Canada), 2018[4]) ; (Estonian Government, 2015[5]) ; (New Zealand Productivity Commission, 2013[6]) ; (Secrétariat d'État à l'économie (Suisse), 2018[7]).

Références

Chambre des communes (Canada) (2018), *Rapport sur les critères régissant la longueur et la délivrance de permis des navires commerciaux au Canada atlantique - Viser des critères équitables pour les pêcheurs de tout le Canada atlantique Rapport du Comité permanent des pêches et des océans*, https://www.ourcommons.ca/Content/Committee/421/FOPO/Reports/RP9912769/foporp16/foporp16-f.pdf (consulté le 29 novembre 2018). [4]

Estonian Government (2015), *Competitiveness 2.0: Report on proposals for increasing the competitiveness of the Estonian business environment*, https://www.eestipank.ee/publikatsioon/eesti-konkurentsivoime-ulevaade/2015/eesti-konkurentsivoime-. [5]

New Zealand Productivity Commission (2013), *Towards better local regulation*, https://www.productivity.govt.nz/inquiries/towards-better-local-regulation/ (consulté le 1 juillet 2020). [6]

OCDE (2017), *Behavioural Insights and Public Policy: Lessons from Around the World*, Éditions OCDE, Paris, https://dx.doi.org/10.1787/9789264270480-en. [3]

OCDE (2012), *Politique réglementaire et gouvernance : Soutenir la croissance économique et servir l'intérêt général*, Éditions OCDE, Paris, https://dx.doi.org/10.1787/9789264168220-fr. [1]

OCDE (2011), *Pourquoi la simplification administrative est-elle si compliquée ? : Perspectives au-delà de 2010*, Éliminer la paperasserie, Éditions, https://dx.doi.org/10.1787/9789264089778-fr. [2]

Secrétariat d'État à l'économie (Suisse) (2018), *Économie numérique*, https://www.seco.admin.ch/seco/fr/home/wirtschaftslage---wirtschaftspolitik/wirschaftspolitik/digitalisierung.html (consulté le 29 octobre 2018). [7]

8 Renforcement des capacités

Il est essentiel de disposer de capacités méthodologiques internes en matière d'évaluation et d'examen, tant pour effectuer des examens en interne que pour superviser ceux qui sont confiés à des organismes externes.

L'objectif des administrateurs publics doit être de développer et de maintenir une expertise suffisante en matière d'évaluation pour assurer des analyses internes collaboratives et une gestion intelligente des commandes de travaux externes. En principe, il faut pour cela disposer d'une « masse critique » d'analystes capables de travailler ensemble et d'apprendre les uns des autres, qui contribueront ainsi au développement d'une culture de l'évaluation.

Il n'est pas nécessaire de prévoir des ressources spéciales à cet effet car les compétences requises pour l'évaluation *ex post* des règlements sont en grandes partie les mêmes que pour l'évaluation *ex ante* ou les processus d'AIR.

Le renforcement des capacités doit passer par la formation du personnel existant et par le recrutement, l'apprentissage sur le terrain étant un élément important.

Une certaine formation aux méthodes d'évaluation est utile pour la plupart du personnel travaillant dans des domaines en lien avec la politique ou la réglementation car c'est un moyen de renforcer leur capacité à discerner les différents impacts et à en tenir compte afin d'éviter les conséquences involontaires. Une telle formation contribue aussi à créer une culture de l'évaluation, généralement propice à l'élaboration de politiques fondées sur des observations factuelles. Elle peut être dispensée dans le cadre de cours spéciaux ou « sur le terrain », lesquels peuvent présenter l'avantage d'être perçus comme plus pertinents. Par exemple, dans son programme de master d'administration publique à l'attention des cadres, l'ANZSOG (Australia and New Zealand School of Government) met l'accent sur l'évaluation et propose aux gouvernements membres des modules de formation spéciaux sur les méthodes d'évaluation, en particulier l'analyse coûts-avantages.

Lorsque les capacités doivent être crées de toutes pièces, il est évident que le recrutement de personnes qui maîtrisent déjà les techniques d'évaluation est à envisager. Ces recrues présentent l'avantage de pouvoir transmettre leurs connaissances à d'autres membres du personnel.

Parallèlement, il est important de veiller à ce que les manuels d'orientation et de formation soient systématiquement mis à jour afin que le personnel reçoive une formation actualisée.

Les consultants peuvent venir compléter l'expertise disponible au sein du gouvernement, mais il convient d'examiner soigneusement comment optimiser leur contribution dans des cas spécifiques et d'éviter de faire appel à eux de façon excessive au détriment des capacités internes.

Les consultants externes, qu'il s'agisse d'universitaires ou d'entreprises spécialisées, peuvent venir compléter l'expertise gouvernementale lorsque les pouvoirs publics sont responsables des examens, en particulier lorsque des compétences spécialisées sont nécessaires (pour les analyses quantitatives ou la conception et la gestion d'enquêtes, par exemple).

Toutefois, il ne faut pas compter sur les consultants au point de dégrader les capacités d'évaluation interne. Certains examens doivent généralement être réalisés en interne (par exemple, en raison d'exigences politiques ou stratégiques) et, comme indiqué précédemment, il est essentiel que les administrations conservent une capacité de contrôle de la qualité des travaux commandés à l'extérieur. Sur ce point et sur des questions connexes, voir (Banks, 2009[1]).

Référence

Banks, G. (2009), *Evidence-based policy making: What is it? How do we get it?*, Productivity Commission, https://www.pc.gov.au/news-media/speeches/cs20090204/20090204-evidence-based-policy.pdf (consulté le 1 juillet 2020). [1]

9 Des dirigeants engagés

La mise en place et le maintien de systèmes réglementaires conformes aux principes ci-dessus posent certaines difficultés sur le plan administratif et politique. On arrivera mieux à les surmonter si les gouvernements, et en particulier les dirigeants politiques, s'engagent à élaborer des politiques fondées sur des observations factuelles.

Les initiatives visant à réduire la bureaucratie et à améliorer la qualité de la réglementation sont souvent introduites avec de bonnes intentions, mais avec le temps, l'engagement en faveur des bonnes pratiques peut s'essouffler. Les disciplines réglementaires, même auto-imposées, sont également mises à rude épreuve par certains « événements » (comme ceux qui se sont produits pendant la crise financière).

Le pouvoir d'influence des dirigeants est essentiel, non seulement pour mettre en place les systèmes permettant de garantir la qualité de la réglementation, mais aussi pour que ces systèmes puissent fonctionner de façon efficace au fil du temps (OCDE, 2012[1]). Ces dispositions visent à limiter la liberté d'action réglementaire dans le but d'obtenir de meilleurs résultats dans l'ensemble. Il est naturel qu'il y ait une certaine résistance à cela, que ce soit au niveau politique ou administratif. Les dirigeants doivent être suffisamment influents pour surmonter ces résistances, mais aussi pour remporter l'acceptation et le soutien du plus grand nombre.

Il est essentiel de bénéficier du soutien des dirigeants politiques pour mettre en place des systèmes de révision *ex post* de la réglementation et en assurer l'efficacité continue.

De fait, les examens *ex post* éclairent les décisions d'un gouvernement en matière de réglementation, plutôt que de les supplanter ou de les devancer. Même si, comme nous l'avons indiqué, ces systèmes limitent nécessairement la liberté d'action au départ, les conclusions et les recommandations des examens doivent au bout du compte être approuvées au niveau politique.

La plupart des réglementations comportent un élément d'expérimentation. Et, comme nous l'avons indiqué, beaucoup se heurtent à une certaine opposition. Les examens de la réglementation, s'ils sont bien réalisés, aident les gouvernements à déterminer, d'une part, si les initiatives réglementaires ont donné les résultats escomptés et, d'autre part, dans quels domaines les changements s'imposent, ce qui peut contribuer à améliorer la politique. D'un côté, comme nous l'avons déjà expliqué, éviter les conséquences politiques imprévues revient bien évidemment à éviter les problèmes politiques qui peuvent en résulter et qui peuvent être considérables.

Mais il existe d'autres façons d'améliorer l'environnement politique. Le fait que le gouvernement puisse assurer de façon crédible que les règlements proposés seront examinés après leur mise en œuvre peut atténuer la résistance qu'ils génèrent. En outre, si les examens sont menés dans le cadre de processus qui impliquent une participation importante du public, les parties prenantes pourront mieux se les approprier et donc accepter les changements réglementaires qui peuvent en découler.

Il existe un test décisif pour tout système de règles : la façon dont il répond aux cas de « force majeure ». Il est inévitable que, dans certaines situations, des demandes d'exemption aux exigences réglementaires relatives aux meilleures pratiques soient présentées. Il est bien de pouvoir disposer d'une structure de surveillance de haut niveau pour examiner ces demandes et garantir la réalisation d'examens à un stade ultérieur.

Les gouvernements ne pouvant pas soumettre les actions de leurs successeurs à des obligations, un soutien bipartite à la politique réglementaire est hautement souhaitable si l'on veut maintenir les bonnes pratiques. Les dirigeants politiques des différents partis doivent donc accepter d'un commun accord que, si leurs idées politiques seront toujours contestées, les éléments fondamentaux d'un bon processus réglementaire ne le seront pas. La continuité observée dans de nombreux pays à la suite d'un changement de gouvernement atteste cet engagement. Il incombe aux chefs de gouvernement d'obtenir cet accord, ce qui nécessite généralement une consultation (voire une collaboration).

Les hauts fonctionnaires de l'administration doivent promouvoir une culture de l'évaluation dans leurs organisations et veiller à ce que les bonnes pratiques soient effectivement appliquées « sur le terrain ».

Bien qu'une administration doive prendre l'initiative au sein du gouvernement en place, le niveau de maintien et de respect des systèmes de qualité réglementaire *dans la pratique* dépend avant tout des aptitudes des dirigeants.

C'est une chose de s'accorder sur certains principes de bonnes pratiques, c'en est une autre de s'assurer qu'ils sont mis en œuvre comme prévu. De même que les évaluations *ex ante* sont souvent jugées déficientes ou ne font souvent qu'étayer des décisions déjà prises, les examens *ex post* sont parfois mal conduits ou, pire encore, structurés de manière à soutenir une position prédéfinie. En outre, il existe le risque permanent de voir s'imposer au fil du temps une approche qui privilégie la forme sur le fond et se contente d'une simple croix dans une case pour confirmer le bon respect d'une réglementation.

Des problèmes de ce type ont été détectés à divers moments dans la plupart des juridictions. Pour les éviter, il faut que les dirigeants du secteur public s'engagent à maintenir un processus de qualité. L'approche accordant aux dirigeants la responsabilité de « donner le ton » est considérée comme ayant une influence cruciale sur la culture au sein d'une organisation, et donc sur le comportement.

Il doit être clair que les pratiques visant à promouvoir la qualité de la réglementation, notamment les examens *ex post*, font partie intégrante des fonctions politiques d'un ministère. Le personnel doit considérer ces exigences comme faisant partie intégrante de son travail et non comme une obligation. Pour ce faire, il est important que les hauts fonctionnaires soutiennent activement la formation du personnel et le recrutement de personnes dûment qualifiées. La création d'unités d'évaluation spécialisées au sein d'un département ou d'un ministère peut fournir d'autres observations factuelles tangibles. Ces unités doivent toutefois être considérées comme des éléments internes de l'organisation, mis en place pour atteindre les objectifs fixés, et non comme des composantes externes du processus de conformité.

Les hauts fonctionnaires ont la fonction primordiale de conseiller les ministres sur toute une série de questions politiques et administratives. Ils doivent notamment fournir des conseils sur les exigences procédurales pour l'élaboration et la révision des règlements. Cela est particulièrement important lorsqu'un ministre vient d'être nommé, surtout s'il fait partie d'un nouveau gouvernement qui n'a pas d'expérience récente. Et si des situations se présentent où l'on souhaite contourner les règles, il peut incomber aux hauts fonctionnaires de « dire la vérité au pouvoir ».

Ces responsabilités sont plutôt considérées comme faisant partie de fonctions plus larges d'« intendance » bureaucratique des systèmes et procédures administratifs. Elles ne doivent pas être circonscrites à des administrations publiques particulières. La mémoire institutionnelle nécessaire pour assurer le bon fonctionnement et la continuité du système réside principalement dans la bureaucratie, et ses dirigeants sont bien placés pour expliquer aux ministres les exigences en matière de meilleures pratiques, tout en tenant compte du programme politique du gouvernement.

Référence

OCDE (2012), *Recommandation du Conseil concernant la politique et la gouvernance réglementaires*, Éditions OCDE, Paris, https://www.oecd.org/fr/politique-reglementaire/Recommendation%20with%20cover%20FR.pdf. [1]

www.ingramcontent.com/pod-product-compliance
Lightning Source LLC
Chambersburg PA
CBHW081203270326
41930CB00014B/3280